珍藏本
纪念版

汉译世界学术名著丛书

公法的变迁

〔法〕狄骥 著

郑戈 译

2017年·北京

Léon Duguit
LES TRANSFORMATIONS DU DROIT PUBLIC
Librairie Armand Colin, 1913
本书根据 A. 科林出版社 1913 年法文版译出

汉译世界学术名著丛书
（120 年纪念版·珍藏本）
出版说明

2017 年 2 月 11 日，商务印书馆迎来 120 岁的生日。120 年前，商务印书馆前贤怀揣文化救国的理想，抱持“昌明教育，开启民智”的使命，立足本土，放眼寰宇，以出版为津梁，沟通中西，为中国、为世界提供最富智慧的思想文化成果。无论世事白云苍狗，潮流左右激荡，甚至战火硝烟弥漫，始终践行学术报国之志，无改初心。

迻译世界各国学术名著，即其一端。早在 20 世纪初年便出版《原富》《天演论》等影响至今的代表性著作，1950 年代后更致力于外国哲学和社会科学经典的译介，及至 1980 年代，辑为“汉译世界学术名著丛书”，汇涓为流，蔚为大观。丛书自 1981 年开始出版，历时三十余年，迄今已推出七百种，是我国现代出版史上规模最大、最为重要的学术翻译工程。

丛书所选之书，立场观点不囿于一派，学科领域不限于一门，皆为文明开启以来，各时代、各国家、各民族的思想与文化精粹，代表着人类已经到达过的精神境界。丛书系统译介世界学术经典，引领时代思想，为本土原创学术的发展提供丰富的文化滋养，为推动中国现代学术和现代化进程做出了突出的贡献。

为纪念商务印书馆成立120周年，我们整体推出“汉译世界学术名著丛书”120年纪念版的珍藏本，寄望既利于文化积累，又便于研读查考，同时向长期支持丛书出版的译者、编者和读者致以敬意。

两甲子后的今天，商务印书馆又站在了一个新的历史时间节点上。我们不仅要铭记先辈的身影和足迹，更须让我们的步伐充满新的时代精神。这是商务人代代相传的事业，更是与国家和民族的命运始终紧密相连的事业。我们责无旁贷，必须做好我们这代人的传承与创造，让我们的努力和成果不仅凝聚成民族文化的记忆，还能成为后来人可以接续的事业。唯此，才能不负前贤，无愧来者。

商务印书馆编辑部

2017年10月

目　　录

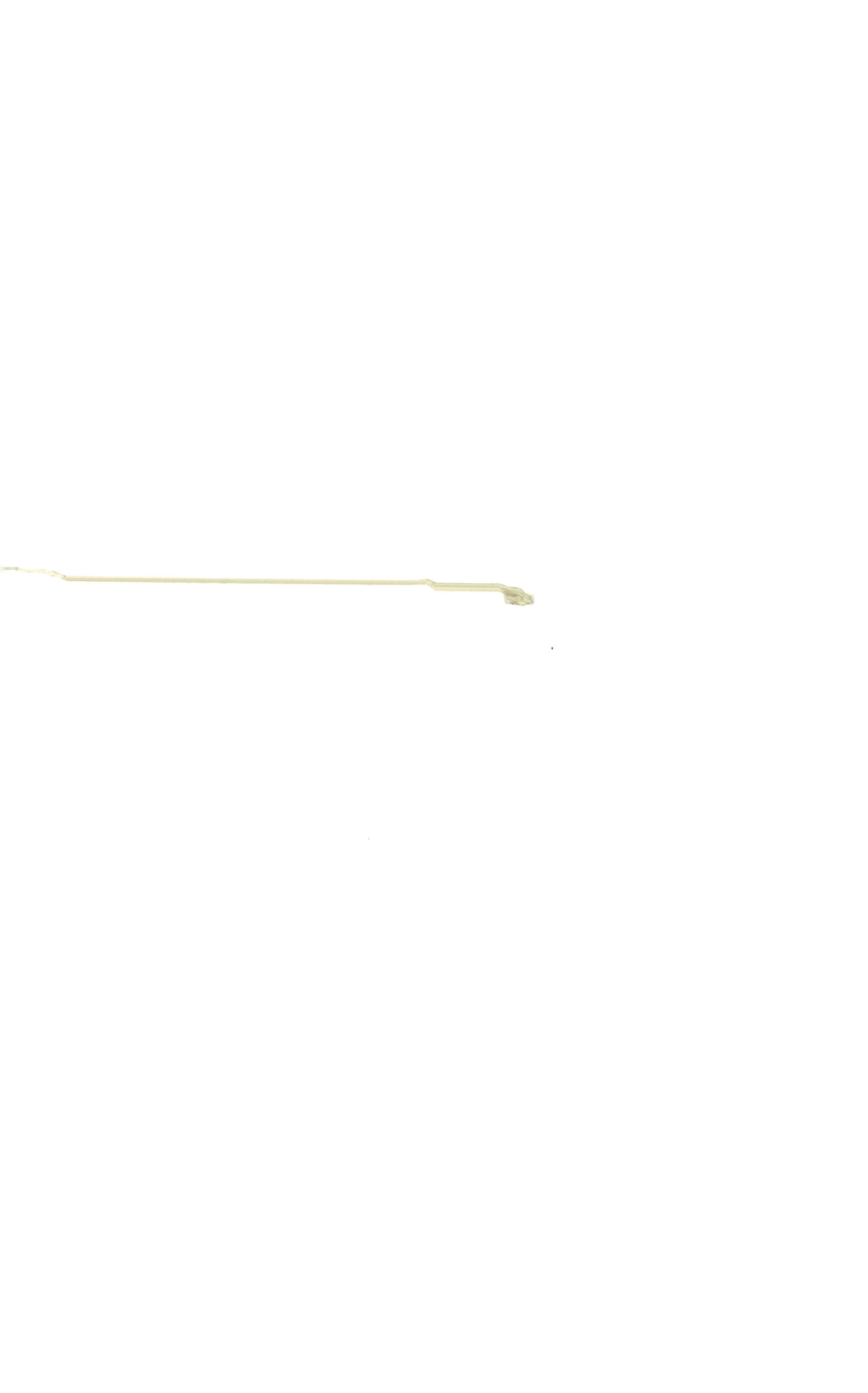

导论 IX

为什么要专门研究公法的变迁？法律不正是像其他社会现象一样处在持续的变迁之中吗？整个法学研究不正是涉及到对法律制度演进的分析吗？对公法之变迁的研究，不就是公法研究本身吗？

的确如此，但我们必须考虑得更加深入一些。正像每一种生命在其生活历程中都会经历这样一些时刻——在遵从生命的普遍法则的同时，它的内部发生着十分重大的根本变化——一样，在人类历史上也存在这样的一些时期。各种迹象已经表明，我们正处在国家史上的这样一个关键时期。我们并不是从悲观主义的意义上说现在正处于一个关键阶段，而仅仅是描述性地指出这一事实。不论我们多么不喜欢这一事实，现有的证据已经断然地向我们表 X
明：以前曾经作为我们政治制度之基础的那些观念正在逐渐解体。到目前为止仍然左右着我们这个社会的那些法律制度正在发生巨大的变化。即将取代它们的新制度建立在截然不同的观念之上。这些观念代表着进步还是倒退？这个问题并不在我们的研究范围之内。这种价值判断在一种科学的社会理论中是没有什么意义的。科学的社会理论只能就重大变化的事实作出描述和解释。

我们正身临其境的并不是一场范围狭小的变迁。所有的法律制度都已经卷入其中。除了公法制度外，这场变迁还波及到私法、家庭法、契约法和物权法理论。虽然这一演进过程并不受各种文明之间的地理疆界的限制，但它在法国的确表现得最为强烈。率先迎接所有制度和思想中的划时代变化似乎是法国无法逃脱的使
XI 命；她打开大门，好让所有姊妹国家顺利通过。因此，站在法国的角度来研究这些变化是有合理根据的。

我在另一部著作中已经讨论过这种变化对私法的影响。[①] 在这里，我打算讨论它与国家理论之间的关系。通过我们的分析，读者们将会看到这两种变化其实是平行的和类似的。这样说不仅意味着它们出于类似的起因，也意味着它们可以被概括到同一个公式之中。这就是：一种注重实际的、社会化的法律制度正在取代早先那种具有抽象性和个人主义两种特性的制度。

在过去一个世纪中一直影响着文明世界的人民生活的那种国家公法体系基于一些许多人对之抱有宗教般热诚的原则。因此有人主张，这些原则应当得到人们的最后效忠。它们是科学在政治领域所赢得的一片腹地。这种公法体系是一套具有光荣历史的体系。它拥有自己的《独立宣言》和宪法。法国大革命时期的立法用一套贴近现实的语言对它进行了详尽的表述。这种立法具有如此深远的影响，使得它所体现的理论和原则具有了独一无二的崇高性和权威性。

---

① 莱昂·狄骥（Léon Duiguit）：《私法的总体变迁》（*Les transformations générales du droit privé*），巴黎：1912年版。

正是在这些法律文本中，这套制度的基本原则得到了非常清晰地表述。这种理论和原则的力量来自于两个基本的观念。第一个观念就是国家主权学说，它认为国家主权的原初主体就是作为 XII
一个人格享有者的国家，另一个观念则是个人权利学说，它认为个人享有一种与国家主权相抗衡的不可让渡、不可侵犯的天赋权利。我们被告知，国家的人格独立于组成国家的个人。因此，国家的意志自然高于组成国家的个人的意志，因为集体人格必然高于个体人格。国家相对于个人的这种优越性就构成了我们所称的公共权力或主权。国家是组织而成的。它建立了一个政府来代表自己。政府是作为国家意志的代表来行为的。因此，政府以国家的名义来行使主权，它的这种权利不能被剥夺。因此，国家是组织成一个政府并且位于一定的领土范围之内的民族。作为有组织的民族的国家是享有主权的主体，这种公共权力使国家有权行使一种主观性的权利，国家正是根据这种权利来控制它的成员。它的命令就是行使这种权利的表现。

国家的成员同时具有公民和臣民两种身份。作为行使主权权力的民族集体中的一分子，他们是公民；但是，因为他们服从于一个以国家的名义行使主权的政府，他们又是臣民。因此，公法是这样一套规则的总称：它们一方面涉及国家的组织，另一方面又调整国家与其成员之间的关系。这样，我们的法律中就有了两个不平 XIII
等的主体，一个是发布命令的政府——一个具有法律拟制人格的主体，另一个则是遵从这些命令的臣民。因此，显而易见的是，这样一套公法体系从根本上讲是一种主观性的制度。它的真正基础是国家作为一个法人而享有的发布命令的主观权利。

这样，国家的权利就必然同个人的主观权利相对立。个人的主观权利是一种不可转让、不容侵犯的自然权利。它归属于个人，仅仅因为人之为人的属性。这种权利先于，甚至高于国家的权利。之所以要建立国家，就是为了有效地保障个人的权利。因此，《人与公民权利宣言》的第二条宣布："所有政治组织的目的都是为了保障个人所享有的天赋的、不可剥夺的权利。"因此，宪法的第一规则显然是强迫国家如此来组织自身，以确保最大限度地保护人类社会中每一位成员的个人权利。

对个人权利的这种认可既确定了公共活动的方向，又决定了政府行为的限度。它本身就是规制个人与国家关系的所有规则的源泉。国家有义务保护个人的权利；但是，如果限制个人的权利对于保护国家的普遍权利而言必不可少，国家也拥有这种限制权。国家有义务组织国防以对抗外敌；因为它的自我保存对于确保个人安全是十分必要的。因此，国家必须组织一支武装力量以便为战争作准备。它还必须组织国内秩序，因为只有在国内秩序的基础上，个人权利才能获得社会保护。就这一目的而言，警察服务变得非常重要。

最后，国家必须服从一种以个人的主观权利为基础的客观法。从国家保障个人权利的义务中派生出了两种后果。一方面，当国家与它的一位成员之间发生法律冲突时，必须由法院来加以审理和裁决——法院是由国家组织起来，并对其资格能力和公正性给予充分保障的机构。法院的裁决必须得到国家的承认。另一方面，如果两位公民之间产生了纠纷，国家也必须通过法院来加以解决，国家充分保障法院的独立性和审判能力。对法院裁决的尊重必须具有普遍性。为了实现这些目的，司法组织是十分重要的。

这样，我们便有了一种主权权力，它是组织为一个国家的民族所享有的主观权利。这种权利受到个人的自然权利的限制。其结果是，国家有义务给予这种个人权利以最大可能的保护。也正是
因为如此，当个人的这种权利与其他所有人的权利发生冲突时，国 XV
家有义务对之加以限制——正是为了履行这种义务，才有理由创立军队、警察和司法机构，并使它们保持持续的运作。简单地说，这正是由“大革命”时期的立法在继承过去传统的基础上而精确建构起来的公法体系。

这是一套主观主义的体系。与国家的主观权利相对峙的是个人的主观权利。在个人的主观权利之上，建立起了对主权的限制以及为国家设定的义务。这是一套抽象的体系；因为它所赖以为基的主观权利概念显然是一种形而上学的概念。而且，这还是一种帝制主义或王权主义的制度。它暗示统治者可以独揽组织为一个国家的民族所享有的“治权”，其具体的表现就是控制发布命令的权力。

大革命时代的人们深信，他们所构造出来的这种理论确立了永恒的原则。他们认为，所有时代和任何国家的立法者与法学家的唯一任务就是推导出这种理论的逻辑结果并控制其实际运用。但结果是完全不同的。不到一个世纪，所有的人都目睹了这套体系的瓦解。其中的两个核心概念——即国家主权和个人的天赋权利——已经失去了生命力。我们看到，它们已经成为一种形而上
学的概念，无益于任何真正具有科学性的制度。人们早就认识到， XVI
君权神授并不能作为主权权力的解释。国民委托也并不具有更强

的解释力。国民意志仅仅是一种虚构。实际存在的只是某些个人的意志;所谓国民的意志,即使是完全一致的,也只是个人意志的加总,也就是说,任何一个个人都没有权力将自己的意志强加给反对者。因此,卢梭的社会契约论充其量只是一套披着华丽的语言外衣的诡辩,尽管它曾经作为好几代人的圣经,而且曾经点燃了“大革命”的思想火花。同样十分明显的是,人不可能仅仅因为自己是一种社会存在而自然地获得某种天赋权利。作为个体的人仅仅是一种知性的造物。权利的概念是以社会生活的概念为基础的。因此,如果说人享有某些权利,这些权利只能来自他所生存于其中的社会环境,他不能反过来将自己的权利凌驾于社会之上。

19 世纪下半叶,法国的经济经历了迅猛的发展。大革命时代发展起来的僵硬而又抽象的法律体系无法适应这种发展。经济学
XVII 家已经向我们展示出:在人类活动的每一个领域,一种全国性的经济是如何取代了家庭经济。家庭已经无法满足人的需要。以许多人的共同努力为基础的全国性的组织才能满足日益增长的需求。但这并不是事情的全部。一方面是科学的新发现和个人的进步,另一方面是人类关系的复杂性和社会生活中的相互依存性,这两方面的变化如今都是如此的重要,以至于某些人正在充满动力地追求某种目标的事实已经能够对整个制度产生影响。比如,我们的基本生活需求、我们的邮政系统、铁路交通以及照明系统都是由这种具有经济上的复杂性的组织来加以满足或操作的,以至于它们在操作中的一瞬间的困难就会威胁到整个社会存在的基础。

正是由于这个原因，国家的职能得到大幅度的拓宽。组织战争、治安和司法已经不足以概括国家的功能。国家必须监督整个工业系统的有组织运转。它必须防止这一系统发生哪怕是一瞬间的停顿。

这是我们时代的民众意识为统治阶级设定的新义务。显然，XVIII
这与主权的概念是不相容的。战争、治安与司法——这些都是与主权概念兼容的职能；它们实际上是主权概念的直接表现。但是，产业服务的情况就不同了。对于现代社会的经济组织来说，国家所需要的已经不再是发布命令的权力，而是满足需要的义务。我们承认统治阶级仍然保有着一定的权力；但是，他们如今保有权力的根据不再是它们所享有的权利，而是他们所必须履行的义务。因此，他们的权力有一个限度，这个限度就是他们履行义务所必需的权力的最小值。他们必须完成的职能在总体上就构成了政府的事务。

因此，我们可以就目前的这种演进作如下的概括：统治阶级并不享有任何主观性的主权权力。它只拥有一种为了满足组织公共服务的需要而必需的权力。除非是为了实现这一目的，它的行为没有任何效力或法律价值。公法所调整的对象不再是上级与下级之间，或者是发布命令的权威与服从命令的臣民之间的关系。所有的意志都是个人意志；所有的意志都具有同等的效力；并不存在一种意志之间的等级关系。衡量各种意志之间差异的标准只有它们所服务的目的。一位政治家的意志本身并不具有什么特殊的效力；它的效力来自于它与公共服务之间的关系。而且，这是一种允许有等级差异的权力。

因此,可以说公共服务的概念正在取代主权的概念。国家不再是一种发布命令的主权权力。它是由一群个人组成的机构,这些个人必须使用他们所拥有的力量来服务于公众需要。公共服务的概念是现代国家的基础。没有什么概念比这一概念更加深入地根植于社会生活的事实。

第一章　主权理论的衰落 1

我们首先要讨论的是导致主权理论衰落的原因。正像对于每一种社会问题一样，这些原因是为数众多而且十分复杂的。有些原因早在主权国家体系产生之前就已经存在，而且深深根植在这
一体系的内部。而有些原因则是外在的，取决于哲学、政治、经济 2
等方面的因素。实际上，每一种法律理论都是这三种因素的产物。

第一节　古罗马的“治权”概念

我们在社会契约论和“大革命”时期的宪法中所看到的那种主权观念是长期的历史演进的产物；但是，导致它实际形成的那些具体条件却使得它具有了某种人为创造的以及不稳定的特性。因此，当社会的演进已经到达这样一个临界点——即臣民已经开始要求统治者提供国防、治安和司法之外的服务的时候，主权理论就应当寿终正寝了。

正像大多数为欧洲文明的发展提供保障的法律制度那样，主权的起源也可以追溯到罗马法。在封建时代，主权几乎完全消失了。它的再次出现是一个近代的现象。它是法律职业者的行动的结果，他们把君权同罗马法中的“治权”（*imperium*）和封建时代的

领主权融合到一起，确立了近代法律制度的主权地位。16 世纪的博丹对主权进行了理论上的阐述，他把主权界定为君主的私有物。1789 年的法国大革命将博丹的理论扫地出门，法律在充满疑点的“社会契约”(*contrat social*)理论中为自己找到了正当性根据。

主权的法律理论只能溯源到罗马帝国开始的年代。主权为全体人民共同拥有。为了使某一个人能够代表全体人民行使主权所
3 包含的权力，罗马人民通过“王权法”(*lex regia*)[*]将主权委托给“元首”。[①] 这样，皇帝便有可能将共和国时期分属不同机构的权力集于一身。皇帝的权力基于一种双重的权威：一方面是元老院和地方总督的权威；另一方面是源自平民宪法的护民官权威。皇帝从元老院或军队那里获得了“治权”(*imperium*)。而人民则通过“王权法”把护民官的权力转让给了皇帝。

通过一个自然演进的过程，皇帝逐渐拥有了“治权”和“保护权”(*postestas*)。这两种权力结合成一种皇帝这一职位所固有的发布命令的权利。这种权利不再是一种通过人民的授权来行使的权力，而成了皇帝的天赋权利。这一发展到公元 3 世纪——也就是戴克里先(Diocletian)和康斯坦丁 (Constantine)皇帝统治的时

---

* Lex regia，又称 Lex curiata de imperio，是指古罗马从共和国向帝国转变时期人民将权力委托给皇帝的一种法律。这种法律的制定时间和具体内容已经无从考证，但许多罗马法学家在他们的著作中都提到过它。比如，盖尤斯写道：“皇帝本人是根据法律而享有最高权力的”(《查士丁尼法学阶梯》，1.5)；乌尔比安写道：“皇帝所作出的决定都具有法律效力，因为人民已经把他们的全部权力通过王权法转移给了他”(《学说汇纂》，1.4.1)。——译者注

① 参见乌尔比安(Ulpian)：《论法律》，载《学说汇纂》中的宪法原则部分 Ⅰ.4 (L. i. *Digeste*, *De Constitionibus Principis*, Ⅰ.4)。

代——得以完成。虽然公元6世纪的查士丁尼《法学阶梯》中仍然提到了“王权法”，但这只是一种好古癖的体现，只是从乌尔比安那里逐字照搬过来一个词组。事实上的情况是，罗马皇帝将自己的意志等同于法律。“皇帝的决定具有法律效力”（*Quod principi placuit legis habet vigorem*）* 是一句法律箴言，它源自这样一个事实：皇帝享有完全的主权，也就是说，他有权利将自己的意志强加于他人，仅仅因为这是他的意志，仅仅因为他的这种权利具有一种要求普遍服从的属性。这样，罗马的天才们就创造出了一种后来被称为主权理论的公共权力理论，这种理论直到20世纪仍然是欧洲和美国公法的基础。

第二节　主权在封建时代的部分瓦解；它如何得以存续下来 4

在封建时代，这种“治权”理论几乎完全消失了。当西罗马帝国为蛮族入侵所吞没之时，查理大帝那短暂的努力也未能阻止欧洲社会通过一套契约体系来组织自身。社会各阶层通过一套有等级差异的契约来协调彼此之间的关系。义务和权利以相互依存的状态同时存在于每一个人身上。封建领主不同于根据“治权”来发

* 狄骥在这里所根据的是查士丁尼《法学阶梯》中的阐述：“皇帝的决定也具有法律效力，因为根据赋予他权力的王权法，人民把他们的全部权威和权力移交给他。因此，凡是皇帝的批复中的命令，在审理案件时的裁决，在诏令中的规定，当然都是法律，所有这些统称宪令。”——参见查士丁尼：《法学总论——法学阶梯》，张企泰译，北京：商务印书馆，1993年版，第8页。——译者注

布命令的君主。他通过自身履行承诺而要求他人履行承诺的服务。在这一时期的文本之中,我们找不到 *imperium*(治权)这个词。相反,我们可以找到"协定"(*concordia*)这个词,它使强者和弱者在一系列互惠性的权利和义务的基础上联合起来。[①] 尽管整个中世纪充斥着暴力和冲突,但契约仍是整个社会结构的基础。不过,"治权"的概念并没有完全消失。在德国,为了皇帝的利益,这一概念得到保留;而法国也为了国王的利益而使这一概念存续下来。即使是在封建社会中,国王也仍然是伟大的公正赐予者。就在卡佩王朝(Capetian)[*] 已经成为过眼云烟之际,法国人仍然没有忘记"国
5 王负责根据正义原则来维持和平"。卢夏尔先生已经正确地指出:"不仅仅是教会使国王成为正义的源泉。世俗性的封建制度本身也认为君主职位的全部目的就是正义与和平。腓力一世及其后继者在其加冕礼上的宣誓使他们有义务施与每一个人以应得的正义,公正地对待所有的人,并且使人民的正当诉求得到满足。"[②]

第三节 在古罗马治权概念的基础上,主权被重构为一种为王权辩护的工具

王位本身所蕴含的通过正义的手段保障和平的义务和权力是

---

① E. Bourgeis, *Le Capitulaire de Kiersy-sur-Oise*, p. 320.

* 卡佩王朝是指法国历史上由卡佩(Capet)家族统治的时期(987—1328)。第一代国王是于格·卡佩(Hugh Capet, 938? —996)。——译者注

② Luchaire, *Histoire des Institutions Monarchiques de la France*, I, 40. Fliche, *La Règne de Philippe* 1, 1912.

重构“治权”概念时所采纳的基本要素。通过将对古罗马的记忆和封建制度娴熟地结合到一起，王室法律家们为法兰西国王重建了皇帝本身以前拥有的东西。他们教导人们：作为个人的国王独自享有“治权”；“治权”是国王的财产，对国王“治权”的法律解释源自个人所有权的观念。正像一位财产所有者对其财产享有绝对权一样，国王的“治权”也是一种绝对权；正像一位财产所有者可以全部或部分地处置其财产、分割其产权或者将产权移交给自己的继承人一样，国王也可以全部或部分转让其“治权”、分割“治权”或者使“治权”在其死后传给继承人。这就构成了家产制国 6
家观（l'État Patrimonial）——这种观念在欧洲曾经盛极一时，以至于对后来的法律产生了深远的影响。在这种观念的源头，可以找到两种截然不同的起因。

一方面，罗马法理论在王室法律家中间的存续是非常重要的。由于他们的地位来自于国王为自己的权力寻找法律根据的努力，法律家们认为他们合作完成这一任务的最好办法莫过于将国王的权力与罗马法中的“所有权”（*dominium*）等同起来。

另一方面，封建法在情况异常复杂的帝国内确立了权力与土地所有权之间的密切关联。只有享有土地所有权，才可能拥有权力，而占有土地这一事实本身也就蕴涵着一定的权力。当然，正像我已经指出过的那样，即使是在封建制度的鼎盛时期，国王也被认为享有一种独立于他的土地的人身权利。但是，封建观念的传播是如此广泛，以至于它不可能不影响到包括王位在内的概念。王位不仅仅意味着宗主权；但王权首先被视为一种宗主权，并且因此是一种财产权。

7 当封建理论与对罗马“所有权”概念的记忆结合到一起的时候，这套新制度的轮廓就已经非常清楚了。发布命令的权力是一种类似于财产权的权利。作为个人的国王是这种权利的所有者。用现代的术语来说，它是一种主观权利；作为个人的国王是这种权利的主体，而且，仿照私人继承的模式，他可以将王位传给自己的继承人。

第四节　博丹、勒瓦索、勒布雷和多马的理论

根据这些素材，封建时代的法律家们建构出了一种精致而又复杂的理论。在这里，我无法详尽地探讨这些理论；但是，为了解释现代主权理论是如何从古代制度中脱胎而来的，我们还是有必要从三位法学家的著作中摘引一些最具典型性的段落，这些法学家最清楚地阐明了君主制时期公法的根本原则。

例如，勒瓦索（Loyseau）在 17 世纪初将国王描述为：[①]“国王首先是全面控制所有公共权力的公职人员……而且首先还是一位对公共权力享有完全所有权的贵族……而且，法兰西国王长期以来都根据法定的财产权而享有主权权力。”在《贵族论》[②]中，勒瓦
8 索更为详尽地阐述了同样的观点：“从最广义上讲，贵族身份可以被界定为一种对职务和土地所享有的私有财产权。……财产权使贵族身份区别于公职，因为公职的权力来自于职能的行使，而贵族

① Loyseau, *Traité des Offices*, liv. Ⅱ, chap. Ii, Nos. 21 and 28 (1640, pp. 187—188).

② Loyseau, *Traité des Seigneuries*, chap. Ⅰ, No. 5 (Paris, 1640, p. 6).

的权力则来自于享有财产权这一简单的事实。”随后，勒瓦索将贵族身份区分为公共型和私人型。[1]“公共型的贵族身份主要涉及到行使公共权力的权利，并且只能由担任公职的人来享有……在拉丁文中，这种贵族身份所蕴含的权力被称为 *imperium*，*potestas*，*dominatio*，或者 *seigneurie*。因此，如果 *imperium*（治权）是一种贵族身份权，那么它就必然是一种财产权；而且，根据定义，每一种贵族身份权都是一种私有财产权。”值得注意的是，勒瓦索本人区分了对公共权力的财产权和对私人权力的财产权、公共型的贵族身份和私人型的贵族身份：“受私人型贵族身份权支配的人是奴隶；受公共型贵族身份权支配的是臣民。”[2]

多马用一句话[3]准确地概括了这种理论：“国王在一国的权力的核心，这种权力透过政体而扩张的起点就是国王本人的人身。”

自 16 世纪末期以来，这种权利——一种由国王享有的世袭家 9
产式权利——就被称为主权。

主权在一开始的时候并不是国王的权力，它只是某些贵族，特别是王室贵族所具备的特殊属性。主权（*sovereignty*）这一术语可能是从 *superanus* 和 *supremitas* 这两个拉丁语词中发展而来的，这两个拉丁语词所描述的是独立于任何其他贵族的贵族身份享有者，或者用中世纪法律家的术语来说，就是只依靠上帝的贵族。这种意义上的主权在波马努瓦那里体现得非常明显。因为在这里它

① Loyseau, *Traité des Seigneuries*, chap. Ⅰ, No. 5 (Paris, 1640, p. 6).

② Loyseau, *Treaté des Seigneuries*, chap. Ⅰ, No. 28, p. 6.

③ Domat, *Le Droit Public*, tit. Ⅳ, Sec. 1, No. 3 (1713, p. 21).

所指的就是封建贵族的权力。在处理其领地的内部事务时，领主不承认任何宗主权，因为“每一位领主都是其领地内的主权者。”①但是，主权这一属性首先属于国王：“因为国王是至高无上的，对整个王国享有总体控制的权力。”②从11世纪下半叶开始，主权就为君主所独享了。在16世纪，帕斯奎耶写道：“主权一词曾经并不那么绝对地适用于法兰西的所有第一等级的权贵；但是，随着时间的推移，这一概念现在已经变为仅仅适用于这些权贵中地位最高的那一个人，也就是国王。”③

通过一种语言史上常见的变化，起初仅仅作为描述贵族阶层的一种一般属性的主权一词变为意味着王权本身。博丹是第一个在这种意义上使用主权概念的人，并因此引发了我们所继承下来的这场无休无止的争论。他把主权定义为：“一国之中的绝对而又持久的权力。”随后他又分析了他所称的“主权的特性”。其中首要而且最基本的特性就是“对社会整体或者对每一具体个人发布命令，而不必征得其上级、同级或下级的同意”。④ 因此，对博丹来说，主权显然就是单纯的王权，而这也正是这一术语在此后的历史过程的含义。勒瓦索本人虽然在大多数情况下都把主权视为某些贵族身份所固有的一种属性，但他有时也用这一术语来指代王权；⑤而且，第一个在其本源的封建意义上来使用主权一词的莱勒

① *La Coutume de Beauvoisis*, chap. XXXIV, 41, Ⅱ, p. 22, édit. Beugnot, 1842.

② *La Coutume de Beauvoisis*, chap. lxi, 72 (11, 40, 7).

③ Pasquier, *Recherches sur la France*, liv. Ⅷ, ch. xix, I, col. 725, Amesterdam, 1723.

④ Bodin, *Les Six Livres de la République*, liv. I, ch. vii and xi.

⑤ Loysean, *Traité de Seigneuies*, chap. Ⅱ, Nos. 4—9 (ed. of 1640, pp. 14-15).

也很快放弃了自己的观点并采纳了博丹的观点,即认为主权是国王所行使的权力的总称。[①]

因此,在17世纪和18世纪,主权意味着掌握在国王手中的一
种命令权。它是一种与财产权同类的权利。国王行使主权,正像
他行使其他的世袭权利一样。主权是一种世袭权利,它与其他财 11
产权的区别在于它的完整性和统一性,以至于它是绝对不可分割,
也不能转让的。正像每一种专有权一样,主权(除了某些限定以
外)也是源自于事物的性质,是一种绝对的权利。因此,1770年法
令宣称所有人为制定的所谓的基本法均不得限制主权。所有的成
文法都必须首先明确肯定主权的至上性,这些法律本身就是国王
的主权意志的表达。

第五节　革命将君主的主权替换为民族国家的主权

这就是国家主权概念的渊源。它变成了一种不可分割、不可转让和不因时效而消灭的制度。通过法律的表述,主权成为国家意志的代表。至少从大革命时期的宣言和宪法中,我们得到了这样的教诲。这些教条正像它们所表达的思想一样,都是人为制造出来的;或者,毋宁说,这种将主权视为人格主体的主观权利的观念是一种历史的产物,它本来应当随着孕育它的具体情势的消失而消失,但它却存留下来。

① Lebret, *De la Souveraineté du roi*, liv. Ⅰ, ch. Ⅱ, p. 5, Paris, 1642.

人人都知道洛克、马伯利、卢梭和孟德斯鸠等人的思想。人人都知道美国宪法在法国的巨大影响和显赫地位。尽管对上述这些思想和文本抱持着绝对的尊崇,制宪会议上仍然充斥着君权观念的影响。人们幸运地发现,只要在语词表达上稍加变通,君主主权
12 论就可以同上述哲学家的思想以及美国宪法的原则相扣合。人们所需要做的只是用国家来取代国王。国王是一个个人,一个权利主体,一个主权权力的持有者。国王的主权是唯一的和不可分割、不可转让和不因时效而消灭的;国家主权在这些方面也没有什么区别。《权利宣言》和1791年宪法对此做了原则性的表述:"主权的全部来源从根本上讲都在国家之中。……主权是唯一的和不可分割、不可转让、不因时效而消灭的。它属于国家。"[①]同样的理论的确既可以在古代王朝的制度原则中找到,也可以在卢梭的政治学说中发现。虽然它们给出的理由是非常不同的,但这种相似性足以产生非常重要的影响。

就这样,这两股潮流汇合到一起。当18世纪的政治哲学与王权时代的理论得出同样的结论时,它们不可能不对大革命时代的立法者产生决定性的影响。如果说立法者从传统和品位上讲属于君主主权论者的话,经验和情感已经使他们变成哲学家。

第六节　革命信条对主权的批评

从大革命那里继承下来的公法的基础就是这样被确定下来

① 《权利宣言》,第3条;1791年宪法,第3章,第1条。

的。作为一个人格主体的民族拥有一种主观权利，根据这种权利， 13
它享有发布命令的权力，我们称之为主权。国家是有组织的民族；国家的主权正是来源于民族的主权；而公法（在德国被称为“国家法”）则是国家权利的表达，通过它，国家的人格得到明确的展示。正是公法规则决定着国家的内部组织，规制着国家与其他人格主体之间的关系；只要其他人格主体处于国家的领土范围之内，他们就必须服从于国家；如果其他的人格主体是另一个国家，它就与本国享有同等的地位。①

显然，如果主权概念的历史起源真的是像我所描述的那样的话，当孕育这一概念的具体条件已经失效之时，它就应当消失。为大革命时期的法律所确定的国家的人格概念（它是主权概念的基础）只是为了将当时仍然具有生命力的君主制传统与当时得到所有思想家的热情支持的政治哲学的原则调和起来。如今，一种更加适合我们这个时代的需要的新的哲学正在得到确立。随着它的产生，上面所描述的这种主权概念很快就会退出历史舞台。

不过，这一概念的苟延残喘的能力已经超出了我们的预期，对其形成防护的各种原因带有准宗教的性质。托克维尔将其关于大
革命的著名论著中的一章命名为“一场本来属于政治革命的大革 14
命如何演变为一场宗教革命：造成这种现象的原因。”②他写道：“因为这场革命似乎毋宁说是倾向于改造整个人类，而不仅仅是改造法国，它唤起了一种充满暴力的激情，其激烈程度远远超出了迄

① 参见埃斯曼（Esmein）在《宪法要论》（*Eléments de Droit Constitutionnel*）第5版“绪论”中为这种观点所做的辩护。

② 《旧制度与大革命》，第3章。

今为止的最伟大的政治革命所能导致的程度……其结果是，它变成了一种新的宗教，这种宗教是非常不完美的，没有上帝，没有教义，也没有独立的宗教生活。但是，像伊斯兰教一样，它使它的战士、它的信徒以及它的殉道者蔑视世间既有的一切规矩。”大革命宗教的基本教义就是国家主权原则。正是因为它被接受为一种新的信仰，所以，它虽然是一种独特的历史环境中的产物，却不仅可以得到当时人们的认可，而且还能在产生它的环境已经消失后仍然继续存活下来。

当然，所有伟大的社会运动和政治运动在某种程度上都带有一定的宗教色彩和神秘性(mythique)。在每一场这样的运动中，都可以找到某种神秘的因素，为一个民族、一个种族乃至一个时代的人们所热情拥护，这正是使其变得伟大并充满力量的秘密源泉。这种神秘性充当着行动的原则和动力的来源。它们将一种抽象的理想包裹在具体的形式之中。它们赋予那种理想以一种超越尘世的神秘特质，这将点燃民众的想象之光，特别是在人们对信仰的永恒需求达到最深程度的那些时代。索雷尔曾经正确地指出：基督的神性所包含的神秘给了异教以致命的一击。在我们自己所处的这个时代，一个像佩格维这样的伟大人物就可以在德雷弗斯案这样的案件中看到可能会从根本上改变整个现代世界的神秘性。[①] 索雷尔抱着同样的目的鼓吹了一场大罢工的神秘性。这些都只不过是雄心勃勃的思想家们的幻想罢了。但是，国家主权的神秘性却具有不同的意蕴。它燃起了人们的热情。它推翻了古老的欧洲君主制的

① *Péguy*, *Notre Jeunesse*(1910).

基础。它为现代世界所采纳的各种政治结构提供了思想上的灵感。它的影响甚至渗透到了像中华帝国这样的封闭而又稳固不变的世界。

但是，信仰某种神话又的确意味着信仰某种与事实不符的东西。当其创造性的源泉枯竭之时（这是或迟或早必定会发生的），现实就会要求收回自己的王国。在我们这个时代，随着批判精神的成长，随着宗教信仰的明显觉醒，神话（如果它们还有可能形成的话）只能享有一段非常短暂的生命。不过，国家主权的神秘性却赋予国家主权这种虚假的事物以活力，使它的存活期明显延长。但是，它作为一项行动原则和进步原则的创造性品质已经丧失。
它已经非常明显地违背现实。它已经无力保护我们免受那些拥有 16
政治权力者的侵害。它无法使统治阶级保证公共服务的组织和运作将会得到充分的履行。

第七节　主权概念与某些重要事实的不相容性

除了少数的例外，19 世纪的几乎所有阶级和政党都把国家主权作为一项宗教信条而接受下来。那些起草 1814 年宪章的“序言”部分的人们肯定了君权和神权的恒久性；但这只是向路易十八的意志所做出的某种不切实际的妥协，任何人都能一眼就看穿这一点；而 1830 年的革命则是对国家主权原则的再次申明。主权概念毫无实效的虚构性理所当然地遭到了法教义学极其尖锐的批判；不过这样的批判并未产生什么实际的结果。即使如此，我们还是应当在此引用罗伊尔·科拉尔在1831年——当时正在讨论提议中的《贵族法案》(*de loi sur la Paire*)——所发表的某次讲话中的一段话："多数派的个人，"他说道，"即居于多数派的众意，是不能占据统治地位的。如果让他们掌握了统治权，我们就不得不坦率地承认所谓的人民主权只不过是强力的主权，是绝对权力的最为绝对的形式。然而，社会不仅仅是人们及其意志在数量上的集合。它
17 们不是仅由各种数字所组成的，而是具有一种更为强大的凝聚力的联合；这样的社会保障人之为人的权利，以及产生于这种权利的合法利益。……无论是单个人的意志，某人的意志，还是全体的意志，都只不过是强弱不等的力量罢了。我们反对那种认为仅仅因为某些人代表着众意，就应当对这些人的意志进行服从与尊崇的观点。"[①]这番富有胆识的言论无论是在议会还是在整个国家都引起了反响。1848年革命是以国家主权的名义发起的；在欧洲的各个君主国纷纷被推翻之际，又再一次使用了国家主权的名义。普遍与平等的投票权，以及从中不合逻辑地推演出来的多数人原则在法国深深地扎下了根。然后它又从法国播散到整个世界。

但是某种变化正逐渐地发生。在一个新世纪的开端，需要加以明确并肯定地回答的问题是，上述主权原则到底具有何种现实性。这一原则一直备受着各种有力的、大胆的批评。奥古斯特·孔德曾经以他极富煽动力的方式对主权原则进行过抨击。"在我历时30年的哲学研究生涯中，"他写道，"我自始至终将人民主权描述为某种带有压迫性的神秘事物，并且将平等视为某种不甚光

① *Archives Parlementaires*, 2e Série, LXX, p. 360.

彩的幻想(ignoble mensonge)。”自那以后,人民主权的信条逐渐式微,并且,任何人对它展开的抨击都比不上“法兰西行动” 18
(*Action Française*)和大革命时期工团主义运动的思想家们来得猛烈。[①]

“法兰西行动”的思想家们并不否认公共权力的存在。他们只不过声称这种权力不属于、也不能属于国家罢了,因为国家天生是不能进行自我管理的。正如法国的政治思想传统所一贯宣扬的那样,公共权力只能归属于一个国家的君主,因为其王朝自身的利益与整个国家的利益是一致的。从实证主义的立场出发,德厄姆也得出了同样的结论,只是他用独裁者的概念取代了君主的概念。而工团主义者则针对政治权力的根本原则发起了攻击,并且,在从蒲鲁东那里获得启发的同时,他们还声称经济组织应当代替、而且也正在代替政治组织的理念。我没有必要在这里详谈上述的这些学说;之所以没有这种必要,是因为这个任务已经通过盖伊—格兰先生的精辟分析完成了。[②]

如果关于主权的一般理论能够符合今天的政治现实,那么上述这些理论层面上的抨击自然就是徒劳的。但是一切事实表明,主权理论显而易见地与我们今天正在目睹的社会与政治变迁相矛盾,并且,随着主权理论越来越显得苍白无效,它甚至已经变成了某种有害的东西。

大革命时期的主权理论与无数的社会及政治现实相冲突。我 19

① 在 D. Parodi 的 *Traditionalisme et Démocratie* 一书中,对此有精彩的论述。

② Guy-Grand, *Le Procès de la Démocratie*(1909).

在此仅举出矛盾最为尖锐的两类：(1)国家主权意味着国家与民族之间的某种对应一致，而事实上这种一致经常是不存在的；(2)国家主权被定义为单一和不可分割的；它意味着在全国领域内对所有独立行动的群体的某种钳制。但显而易见的是，无论是实行地方分权主义还是实行联邦主义，上面所说的这些群体仍然保持着强势的存在。

我们很快就可以证明国家与民族之间经常不是对应一致的。某些情况下，同一个政府控制着几个不同的群体，而这些群体中的任何一个都无可否认地是一个民族。这些民族甚至经常是相互抗衡的，并且只在它们共同服从于某种更高的权威时才保持着联合。奥地利帝国就是这种情形的一个显著例证。它是一个由数个各具自身鲜明个性的民族所结成的联合体。谁也不能谈及一个单一和不可分割的奥地利的国家意志；并且谁也不能说，就政治角度而言奥地利这个国家就等同于奥地利民族。波希米亚的捷克人、奥地利的德意志人、特兰提诺和伊斯蒂利亚的意大利人、加里西亚的波兰人、波斯尼亚和黑塞哥维那的塞尔维亚人事实上都属于不同的民族。哪里存在什么以民族作为主体的集体意志呢？虽然没有人
20 对英格兰民族的存在表示怀疑，但同样可以肯定的是，爱尔兰民族并不是它其中的一个组成部分。大不列颠帝国毫无疑问是一个国家；但它并不是一个组织为某个国家的单一民族。而我们的国家更确切地说来应当是一个统辖着三个不同民族的中央政府。

政府的权力再一次针对许许多多这样的个人——他们既没有组成某个自治民族，同时也不支持作为国家主要构成部分的那个民族——而行使。每个政府都对那些并不臣属于它，而仅仅是身

处其疆域之内的人行使权力。殖民地的居民虽然臣属于母国，但他们并不作为组成其母国的那个民族的成员。例如法国殖民地的那些居民虽然是法国的臣民，但却并非法国的公民。因此，便会存在许许多多臣属于法国政府，但却并不作为法兰西民族之一员的人。这类事实使得国家主权的一般理论完全落空；但这种理论的基础原理却恰恰意味着公共权力只能针对那些作为创立国家的民族的成员来行使。

第八节 论权力分散与联邦制

主权——正如拥有它的国家人格一样——是单一和不可分割的，同样的人与同样的地域必须处于统一的支配之下。因为国家具有独立的人格，并且它的意志就是自主的政治权力，它将自身内部的一切权利都集中起来体现为命令，而其领域之内的任何群体 21
都不能分享国家主权。大革命时期所出现的大量文献都将上述原则奉为神圣。在这里很有必要提及 1791 年宪法第 3 章序言的第 1 条，此前我们也引用过这条规定：“主权是唯一的和不可分割、不可转让、不因时效而消灭的。它属于国家，无论是人民中的一部分还是任何个人都不得主张对主权的行使。”但这条原则性规定与在现代世界中越来越变得重要的两个事实相抵触——分权主义与联邦主义。当今许多实行一元式政府体制的国家，尤其是法国，都正在朝着明确的分权主义方向迈进。而联邦主义则几乎通行于美洲。在欧洲，瑞士和德国已经成为了联邦制国家，并且这种国家组织形式注定是要继续扩大其适用范围的。

在关于主权的一般理论中，地区分权——这是我此刻所唯一关心的——是这样的一种制度：在这一体制中，某些随我们所讨论的国家的不同，而在特征与人数上相异的地方群体，通过作为该地方群体之代表的政权机构及其人员来行使某些权能；不过它们的行为或多或少地都会受控于一个更高的权威。“法国公社”
22 (Commune Française)就是一个非常鲜明的地方性分权群体的例子。它掌握了事实上的自治权：它配有警察机构，可以征税，并享有进行征用的特权。这些权力均由作为该公社代表的政权机构及其人员来行使。

不管怎么说，这确实与那种关于统一和不可分割的、由国家单独行使的主权权力的观念形成了公开的冲突。在试图对这样的一种不相调和进行调和的努力中，一直有人不断地提出巧妙的建议，即民族国家应当自愿地让渡其部分的主权，它自行决定让渡多少，并且能够随时将让渡出去的那部分主权予以收回；上述的所有这些建议都必然意味着，某种不可分割的主权因此便得到了默示的保留。不过实际情况仍然是，在国家作出这种让步的同时，还存在着某个位处于该国领域之内的、拥有某些主权权力的、并且构成了国家人格之一部分的公共人格。但如果主权是单一和不可分割的，那么这种情况就不可能出现。

为了避免上述的不相调和，有人声称那些参与分权的地方群体实际上并不自治，因为即使它们行使着某些主权权力，主权自身也始终完整地附着于不可分割的国家人格之上。这真是一个最纯粹的幌子。如果我们从事实出发，就会发现各个地方群体作为“地方群体”其实是不能行使主权的。唯一能够行使主权的人是地方上的那些行政人员，因为只有他们才具有真实的意志。因此，又有人声称国家始终保持着完全的独立，因为地方的行政人员只是国家的行政人员，而不是地方群体的代表，于是就“分权”这一术语在当下的意义而言，其所指的实际情形是不存在的。 23

至于联邦主义，它甚至比地方分权主义还要更为忽视国家主权的理念。联邦主义实质上是建立在下面这一预设的基础之上的：在同一地域之内只存在着一个单一的民族，但同时还存在着几个被同等赋予了主权权力的国家。每一个联盟归属于某个中央的、联邦制的国家——也就是那个被视为一个国家的民族，而那些本身就作为各个国家存在的地方群体则构成了联盟。

有些思想家被民族国家独立人格的教条所蒙蔽，以至于他们甚至看不到前面所揭示出来的矛盾。埃斯曼先生宣称，“在那些实行一元式政府体制的国家中，主权是单一的。而在实行联邦制的国家中情况恰恰相反，即使这些国家实现了真正的民族统一，其主权也仍然被分割开来……联邦宪法将主权的某些属性从各个加盟的国家中拿走，并将之转移到了联邦的手里。”[①]埃斯曼先生指出，这种情况是很自然的。不过，那些面对着这一问题的德国和瑞士的思想家——对于他们而言这个问题具有某种特殊的实际意义——始终责无旁贷地要为解决这一问题付出大量的、然而却是收效甚微的努力。

另外有些人，例如西耶德，声称只有那些组成联邦的成员国才

① Esmein, *Droit Constitutionnel*, 5e édit, 1909, p. 6.

是“国家”，而德意志帝国根本就不是一个帝国。[①] 我们虽然可以
24 理解究竟为何这位巴伐利亚的法律家持着这样的一种观点，但是声称德意志帝国不是一个国家，这也未免太过自相矛盾了。与之相对，其他的一些著者指出，只有实行中央集权的国家才是真正的国家，而一个统一国家中的某个享有分权的地区，同一个联邦制国家中的成员国在法律上是没有什么区别的。[②] 这种说法也是与显而易见的事实相矛盾的；并且，即使这种说法是正确的，那它也不能说明任何问题；而既存的难题仍旧会保留下来，即纯粹的分权现实与国家主权是互不调和的。

两名研究公法的优秀学者——拉邦德和耶利内克，曾经试图通过声称可能存在，而且也确实存在非主权国家来解决这个问题。[③] 从这一观点出发，一个联邦的各个成员国虽然是国家，但却不享有主权，原因在于只有中央政府才享有主权。他们二位试图说明，主权并不是公共权力的全部，而只是公共权力的某种属性罢了。尽管他们作出了上述的努力，这种尝试也是徒劳的，因为无论是拉邦德，还是耶利内克，都未能说明一个分权的地区与联邦中的一个成员国到底有什么区别。无论怎样，他们的学说都解释不清什么问题，因为真正的难题在于说明公共权力——无论是在实行联邦主义的国家，还是在实行分权主义的国家——被容许分割的

① Seydel, *Kommentar zur Verfassung-Kunde fur das deutsche Reich* (1st ed.) pp. 6, 23.

② Borel, *Souveraineté et l'État Fédératif* (1886).

③ Laband, *Droit Public*, 1, 5f.; Jellinek, *Allgemeine Staatslehre* (2nd ed.), p. 470f.

程度。

德国的祁克[1]和法国的勒弗尔[2]费尽心思地来说明单一制国家与联邦制国家之间的区别，即使后者的主权保持着统一和不可 25
分割的状态，但是他们的努力也是毫无结果的。在他们看来，联邦制国家就像单一制国家一样体现出了国家统一与民族统一的对应一致。只存在着一个国家，因为只存在着一个民族；只存在着一个独立的人格——即被组织为一个联邦制国家的民族，而联邦制国家自身就是各个成员国的集合；这些成员国结合起来组成为联邦国家的独立人格。它们就像一个统一的民主制国家中的各个公民一样。它们参与了——这也正是它们的显著特性——一个“国家意志”的形成过程。结果，它们不仅与主权的行使相关，而且还与主权的根本实质相关。

事实上，上述的观点是一种与现实毫无关联的最纯粹的逻辑论证。因为没有人能够对主权的实质下定义。将一个联邦内部的某个成员国等同为一个统一民主国家之内的公民，这种类比其实是说明不了什么问题的。并且，这种学说也不比其他学说更令人信服地说明，在主权作为民族不可分割的意志的前提下，地方群体是如何能够享有主权的某些权能的。

我们之所以一直困扰于这个问题，是因为它对于现代的政论家来说是所有问题的基本出发点。为了解答这一问题，学者们已经付出了大量的努力。不过这些努力都只是表明，在主权观念与

① *Jahrbuch de Schmoller*, VII, 1097.

② *L'État Federal*, p. 697f.

实际生活的现实情况之间存在着无法消除的不相调和。

26 第九节　主权概念无助于保护个人免受专制之害

这一无法消除的自相矛盾并不是摧毁主权观念的肇因。如果人们相信主权确有实际效果，那么主权观念甚至在遭遇诸多批判，陷入诸多矛盾的情况下也仍然会一直保留下来。实际上的情况正好相反。人们的现代意识清楚地觉察到，我们需要从国家中获取的东西在任何起源于主权观念的制度中都不能获得法律上的约束力。

一套法律制度只有达到了下面这种程度的要求，才是切实的——即创设并认可那些满足一个既存社会中的人们在某个特定时刻的需要的规则。法律制度就是满足人们上述需要的产物；如果事实并非如此，或者说这套法律制度并不保证满足这些需要，那么它就是某个立法者或法学家人为建构出来的产物，因而也不具有效力或者强制力。任何的公法制度都只有在明确认可以下规则之约束力的基础上才可能行之有效：第一，掌权者不能够做某些事情；第二，有些事情又是掌权者必须做的。今天的人们深深地确信，帝制主义的公法制度不能保证这两条规则能够被确立下来。人们之所以有这样的感觉，是因为批判者们已经证明了主权学说的衰落。现实的情况显示，关于主权国家的理论不能保护个人免
27 受专制主义的戕害，人们因此而意识到这一学说的苍白无用。无可否认的是，虽然国民大会确实在 1789 年宣称并确定了主权的信

条，但它的主要考虑——也是使它闻名于世的首要主张——是同时确立主权之限度的基础和范围。因此《人权宣言》便随之应运而生。国家主权被视为某种同人权相对立的东西，而个人意志的自治则被称为自由。《人权宣言》肯定了国家的权利受个人权利的限制，并且国家的行为只能以为个人权利提供保障，并且必须是以实现对上述自由的保障为目的。但个人的自由自身也必须受到限制；就连最极端的个人主义者也承认，只有在这样的前提之下社会生活才有可能实现。因此，如果个人自由对国家主权构成限制，那么这种限制也只能达到一定的程度，因为个人自由本身也是有限的。于是一个由两部分组成的问题便由此产生了：个人自由所受限制的程度如何？我们采取什么样的保障措施才可使这种限制不会带有专制的性质？上述问题的答案——并且也是唯一可能的答案——即，个人自由只能在关涉普遍自由之保护的范围内才能受到限制。这种限制只能由法律，即某种由国家或其代表所采取的普遍适用的决定来施加，这一点已经成为了人们的共识（1789 年《人权宣言》，第 4 条、第 6 条）。

但是，正如过去的经验所表明的那样，这些都只是极其薄弱的 28
保障。这种将最为绝对的个人主义作为其基础的学说，在今天已经很少有支持者了。大多数的人们只能从中发现某种抽象的主张，正像所有这类学说都找到了捍卫者一样，这一主张也得到了类似的捍卫，不过也仅此而已罢了。这只能说明这一学说已经彻底衰落了。毫无疑问，在一部限制个人自由的法律中确实包含着某种对个人自由的保障。正是法律的一般性保护着个人免受政府中党派偏见的戕害。但身处于 1791 年的人们之所以相信法律必然

是确实可靠的，是因为对于他们来说，法律正是国家的意志。不过过去的经验表明，他们完全错了。如果一部法律是直接由人民批准产生的，那么它就是一批情绪激昂、热血沸腾的群众的产物，而这一产物可能恰与公正无关。卢梭确实曾经说过[①]“纯粹是由一些个别公民所组成的主权的存在既不具有、而且也不可能具有与这些公民自身的利益相冲突的利益；这样所导致的结果，便是主权权力不必向其臣民提供保障，因为一个组织是不可能加害于它的全体成员的。”今天看来，这句话只不过是带有戏剧性的某种诡辩而已。

在法律是由某个经选举产生的议会进行通过的情况下，就能够为个人自由提供最大的保障。虽然议会确实宣布过，它代表的是国家的意志，但事实上，法律是一些议员个人化的产物。当普遍选举制于 1848 年被确立下来时，人们虔诚地、但却不免天真地相信，所有的个人自由都得到了保留。而 1851 年的公民投票则批准
29 了武力推翻政权的合法性。第二帝国初期的那些委员会，一般保证法案以及那时所实行的专制，都启发了人们关于从普选制中所能期盼得到的各种保障的思想。

事实上，主权的观念无论是在理论上，还是在实践中都一直是某种绝对论的观念。卢梭在《社会契约论》的开篇就宣称“主权者强加某种他无法执行的法律，是违背一个组织的天性的，因此不存在、也不可能存在任何对人民团体具有约束力的公法；即使是社会契约也不例外”。他用了某种奇怪的诡辩来证明这一命题。

① *Contrat social*, liv. I, chap. VII.

“无论是谁，”他说道，[①]“如果拒绝服从公意，全体人民便可以强制他必须服从，这即意味着人民可以强迫他自由。”国民大会将实行残酷暴政的任务加诸法国，就是以这种学说的名义来进行的。并且，两位拿破仑都毫不犹豫地将借助大众权利作为其专制统治的基础。那些希望将君主专制主义提升为某种法律理论的德国法学家，例如祁克和拉邦德，也为着同样的目的而借助了卢梭的学说，以及他的虚假的主权观念。

情况的发展并未就此为止。今天的统治阶级不仅必须要放弃做某些事情、而且也必须做一些其他的事情。因此，我们便需要一套公法制度——在这套制度中，上述的这种强行性义务是被铭刻
下来的。有鉴于此，一套以主权为基础的公法制度显然天生就是 30
不可能存在的。在国家只提供警察、军队和司法机构的情况下，这一点尚不明显。事实上，掌权者天生就必须采取措施来进行领土防御，实现秩序与和平。在这样做的同时，他们也实现了其自身的利益，因为防御领土免遭外敌侵略，以及维持国内秩序，恰恰正是他们保持权力的前提条件。

如果换一个角度来看，当政府活动被限制在实现上述职能的范围之内时，它们的行为就体现为纯粹的单方命令。罗马皇帝的“统治权”、罗马的地方治安官的管辖权都首先明显地体现为一种发布命令的权利。那些继承了罗马传统的法国国王，也继承了与之相同的特征，只不过是采用了另外一种名义罢了。因此，当1789年和1791年需要对政府行为的具体内容进行确定和分析

① *Contrat social*, liv. I, chap. VII.

时，它看来只是发布命令的权力；而在这一基础之上，三权分立的理论便由此形成了。

今天，作为某种复杂变革过程的一个结果，一方面归因于知识
31 进步，另一方面归因于经济与工业的发展，政府的事务已经超出了提供司法、警察和战争防御的范围。人们要求它履行各种各样的职能，其中许多职能带有行业管理的性质。这就是德国人期盼他们的大众文化所包含的东西：政府必须从事那些对于促进个人在体能、智能和精神方面的福利，以及国家的物质繁荣所必需的事务。政府的利益不再等同于其国民的利益。政府的利益虽然不与其国民的利益相背离，但二者毫无疑问是有区别的。所产生的结果便是创设对一套默示批准上述政府职责的公法制度的要求。这种需求显示出君主制度的软弱无力。

无可否认，在这样的一套制度中国家主权确实受到了个人自由的限制。但是对于个人来说，自由即某种在不妨碍其体力、智力和道德能力的前提下获得发展的权利；这不是要求他人或者国家提供合作的权利——无论是在个人各方面能力的发展过程还是形成过程中。

此外，当政府在实现上述功能时，所体现出来的并不是命令、也不是某种至高无上的意志所享有的权能，或者是传统统治权的展现。一旦国家向公民提供公共指引，为穷人提供帮助，或者保障交通运输，那么我们就很难将这些行为与发布命令的权力或多或少地挂起钩来。因此，如果国家被定义为，并且天生就是一个发布命令的群体，那么这必然始终是它的天然属性。只要国家在它的
32 某一项活动中不享有至高无上的权力，那么它就从来不是至高无

上的。

虽然国家介入到了那些非常重要的、提高着人们日常生活质量的公共服务当中——包括公共教育、济贫法、公共工程、照明系统、邮政系统、电报电话系统，以及铁路运输——但国家介入的方式是必须受到一套公法制度的规制与调整的。不过这套制度已经不能再建立在主权理论的基础之上了。它适用于那些不体现任何发布命令之权力的政府行为。目前有必要创造一套新的体系，它虽然与旧的理论有着紧密联系，但却是在一种全新的理论基础之上建立起来的。由“行政法院”新近所作出的丰富判例所构成的公法制度，正在从公共服务的概念中——而不是从主权理论中——诞生。

33 # 第二章　公共服务

如今，公共服务的概念正在逐渐取代主权的概念而成为公法的基础。当然，这一概念并不能算是一种新生事物。其实，统治者与臣民之间的区分一经确立，公务的概念就应运而生了。一旦人们认识到统治者由于其所享有的权利而必须承担相应的义务，并且认识到权力的行使必须与义务的履行相辅相成，公务概念的含义就是显而易见的了。

公共服务概念并不是什么新事物，我们以前所未曾见到的是

34 公务概念如今在法律领域所占据的那种重要地位。实际上，这正是我们正在目睹的这场深远变化的根源所在。它不再是一种先验的公式。它已经成为我们的实际情形的一种表达。

第一节　主权理论已经破产

有一种信息来源是我们不能忽视的。理论家们的学说和政治家们的认可具有特殊的意义。当然，他们并未表现出某种普遍的或准确的立场，但是，他们的犹豫和否定已经积累到一定的程度，足以产生重要的影响。无论在什么地方，政治家们都一致认为关于国家的理论已经进入了一个新纪元。他们仍然主张国家有权发布命令，但是他们同时也承认国家负有某些必须加以履行的义务。

理论家们承认主权概念在公法中的地位已经发生了动摇。在主权国家理论中，将国家视为一个人格主体是非常必要的，这是因为：既然公共权力是一种权利，一个享有该权利的主体自然是必不可少的。现在，有人已经指出：虽然不能对国家的人格加以绝对的否弃，但它的范围应当受到明确的限定，也就是说，国家只在某些场合下可以被视为一个人格主体，而且，在某些情况下，国家还可以被看成是享有双重的人格，每一人格都具有独特的性质。这种犹豫和矛盾表明了我们正在目睹的这场变迁的重要性。 35

我们没有必要征引太多的文字或语句。我们可以回想起前国民议会主席克莱蒙梭在邵尔—凯斯勒纪念碑落成典礼上的演讲。在追思那位伟大的公民在德雷弗斯（*Dreyfus*）案中所起的作用时，克莱蒙梭说道："赌注已经投下。群众本能地偏向于巴拉巴斯的游击队。这使得我们不禁陷入焦虑的停顿。人数的观念，普选，似乎就要挫败我们；现在，我们不是正在向民主的基础提出质疑吗？现在，让我们迫不及待地指出：民主政府并不像游击队对政府的解释那样，是一种靠数人头来选出的政府……但是，如果我们期望由这种临时的多数派来行使古代的国王所行使的那种权力的话，我们所得到的只可能是变相的专制。"①在此之前不久，巴图先生表述了一种类似的观点："我们有必要随着时代的发展而更新自己的观念，没有必要将主权国家和不犯错误的政府等概念永远地保留在我们的习惯之中，根据这些概念，公务员只是顺从的哑仆。"②

① *Journal officiel*, Ier février 1908.

② *L'Humanité*, Ier féverier 1906.

迈向比例代表制的急促变革也表现出同样的倾向。当然，这种解释既不是基于某些政治家的不稳定态度，也不是根据他们当中某些已经不再掌权之人的思想变化。它们只是一些对于社会现
36 实的任何严肃的观察者来说都有权忽略的、偶然萌发的奇想。但没有人能够否认，法国目前存在着一种对于选举制度改革的强烈虔信，这是每个政党中任何有远见的政治家们都极其清楚地意识到的。[①] 他们明确地察觉到，如今我们已经不再满足于某种在选举中的多数派中所体现出来的、过于简单的主权概念了。这一概念已经不再是公法的基本原则。在那一天（1912 年 7 月 10 日）中，众议院以 339 票对 217 票的表决结果通过了一项选举法案，这项法案的第一条规定，众议员应当通过被称为“名单投票”（*scrutin de liste*）的方式选出。少数代表制的确立使我们步入了公法演进的一个重要阶段。它不仅仅要求建立一种更完善的选举制政体来消除——只要可能的话——腐败的影响，以及实施反对政治阴谋的管理体制。它首先意味着的是，法国议会承认，多数人规则已经不再是现代民主制的基本原则，而与这一规则紧密联系的国家主权观念已经不再是国家理论的基础。

第二节　虽然公法理论尚未明确承认这一事实

如果说政治家对于主权教条的确信已经逐渐发生深刻动摇的

① Georges Lachapelle, *L'Ceuvre de Demain*, Paris, 1917.

话，那么法学家对它的信奉却未有多少减弱。在一套陈旧制度的 37
遗迹当中只有一样东西保留了下来。埃斯曼先生在其多次再版的一部关于宪法的著述中，以他一贯平静的、充分肯定的笔触写道：[①]“国家是民族在法律上的化身，……它是公共权威的主体和基础。公法的基础在于屈从于这样的一个主权国家——它存在于那些在任何特定的时刻对其进行行使的人之外和之上，并且是作为整个民族之化身的一个抽象的、理想的主体。这一人格就是国家。它的本质特征就是它与主权的关系。”

许多德国的思想家也对上述的这种学说表示认同，并且在拉邦德的著作中表现得最为明显。只不过埃斯曼先生所称的“主权”，在他们那里变成了“公共权力”罢了，并且他们还在描述后者的某些特征时保留了对前一术语的使用。而我们是不太关注这些细小的差别的。无论是关于“主权”，还是关于“公共权力”的学说，都基本上是一回事。不过，相对于埃斯曼先生是将这种学说作为某些观察资料的结果——就像它们无疑是谨慎的和公平的一样，这些观察资料也无疑是不准确的——而表示接受，大多数德国法学家的观点是从他们就至少要显示独裁君主制之合法性的要求中产生的。[②]

而法国的公法学家已经清楚地察觉到了这一变化的发展方向，即使他们自己尚不敢承认。他们虽然保留了主权的概念，但事

① *Droit Coustitutionel*, 5e édit. ,pp. 1-2. 在第 6 版中，这段话仍保持原样。

② Laband, *Droit Public*，特别是其中的第 1 卷。在 Joseph Berthélemy 于 1915 年所著的 *les Institutions Politiques de l'Allemagne Corttemporaine* 一书中，可以读到详细的论述。

38 实上又将之归于无效。某些情形下，他们在否认国家人格的同时，又主张维持那种被抽掉了必备的基础、而几乎变得飘移不定的主权观念。在这里我不可能试图对这些学说作出一番归纳。我只能用三两句话来指出两位著者——他们被公认是法国公法学家的主要代表——是如何走向否认主权的理路的。

早在其《行政法与公法精要》一书的第六版(1909)中，奥里乌先生就曾经写过"主权和法律都已不再具有极端的重要性了，因为它们对社会力量的现实组合已经不再具有根本的决定性"。在其《公法原理》一书的第 235 页上，奥里乌先生说道："这些理论上的保留(即在理论上对于主权的限制)并未排除我们对那种信奉公意的绝对权力的思想从根本上进行抨击的可能性。很少有错误的学说像这种学说一样具有如此恶劣的影响。"这无疑是对人们长久以来的信仰所进行的正式谴责，但是一套新制度的基本概念——正如奥里乌先生所描述的那样——甚至更加具有颠覆性。他承认确实存在着一种发布命令的权力，但他却不认为这种权力是一种主观权利；他并未创设一个如同那种虚假权利的主体一样的法律人格。他真正承认存在的是一种进行强制的现实权力。"一个国家的整个社会组织结构，"奥里乌先生写道，[①]"在其经济性与政治性
39 并重的前提下，是从许许多多既存的，并由这种强制权来保障其持续性的社会状态中产生的……这种权力的真正功能，就是创设和保障某些事实状态。它如此经常地被看成是命令与强制的一种简单形式，以至于人们对它的目的失去了应有的注意……权力的真

① Hauriou, *Principes de Droit Public*, 1910, p. 78 et 79.

正功能是创设秩序和稳定……它所要实现的就是这一功能，虽然所取得的成效有着程度上的不同。权力只有在其功能被充分实现的前提下才是合法的。”

上面的引文清楚地表明了奥里乌先生思想的发展轨迹。显然，对于他来说，主权权力已经不再是公法中的关键要素。国家的人格在其领土内被限制为某种法律上的安排。毫无疑问，强制权仍然是继续存在的；但它却并非如同某种国家所固有的、作为一种社会功能的主观权利那样而继续存在。这种社会功能就是公共服务观念的真正基础；因此奥里乌先生实际上承认，公共服务是一套现代政治制度唯一适当的基础。

在贝泰勒米先生的著作中，也清楚地体现出了相同的理论倾向。像奥里乌先生一样，他认为国家的人格具有某种专有的世袭性质。他并不否认公共权力的存在；但对于他来说，公共权力也是一种主观权利。“政府的行为，”他说道，[①]“并不意味着某个法律人格——这些行为正是以这一人格的名义做出——的存在……只 40
有当我们试图将国家看做是一个权利主体时，法律人格的观念才是不可缺少的。个人所享有的只是权利；而对权力的运用则无论在何种意义上都不是对权利的行使。一个发布命令的国家公务员并非是在行使某种主权权力。他只是在履行其职责罢了，并且，如果你愿意的话，也可以说这些职责的总和构成了主权权力。”

我不可能在此询问，贝泰勒米先生在说过那种被人们普遍称为主权权力的事物只是组成国家的各个机构所具有的一种功能之

① Berthélemy, *Droit Administratif* (7e édit.), 1913, p. 41 et 42.

后，又对建立在发布命令权基础上的功能，与单纯让命令得到服从的功能作出了区分，这样做是否能够前后一致，而不是自相矛盾。这种区分已经产生了极大的矛盾，关于这一点我将在稍后进行论证。不过，重要的是不要忘记这两位思想家都主张主权权力是一种功能，而不是一种发布命令的主观权利。因此他们二位都将权力的主观权利从公法中去除掉，并且将之完全和单独地建立在统治者必须完成的社会功能基础之上。

当政治家与政治思想家已经开始察觉到这种社会功能的时候，他们都开始将这种社会功能的观念置诸公法的真正根基之上，这种社会功能恰恰正是公共服务的观念。我们接下来就是要确定它的因素。

41

第三节　主权概念已经为公共服务的观念所取代

事实上这些因素已经是非常清楚的了。它们实质上存在于某个特定国家的统治者——即实际上掌握权力的人——所负有的一项确保某些职责不间断地得到履行的法律义务当中。就像我们将要看到的那样，这一观念解答了我们今天在公法领域中所面临的每一个问题，从而也因此得到了自证；并且我们也不需要关于其正确性的其他任何证明。但是，出于精确方面的考虑，讨论以下的几个问题仍然是非常重要的：(1)谁是统治者；(2)他们所负有的义务的依据是什么；(3)这种义务的目的是什么。

谁是统治者呢？根据前文所述，我们能够明确的是，在现实情况中他们并不是一个被称之为国家的、至高无上的集合性人格的代表。我们已经不再像信奉神权教条那样信奉国家主权这一教条了。统治者就是那些手中实际掌握着强制权的人。那么，他们是出于什么原因，并且是怎样掌握这一权力的呢？这些都是不可能获得普遍答案的问题。掌权的事实是因国而异的历史、经济、社会等各方面力量的产物。政府的组织过程是不能逃避空间与时间的范畴的。但所有这些公共服务的因素，无论它们的重要性如何，都 42
不是极端要紧的。广泛存在的事实是，在任何一个特定的国家中都存在着一个能够向他人施加物质性强制的个人或者个人群体。由此所得出的一个结论是，权力不是一种权利，而纯粹是一种行为能力。当我们相信权利来自于某种神圣的授权，或者来自于一个集合性人格的代表，并且同样具有某种高于个人意志的意志时，那么权利是能够被假定存在的。但是在今天，这些带有宗教性质的、形而上学的信条已经逐渐衰落了。政府控制的权力如今不再是一项权利，而纯粹是一项采取行动的权力。如果政府的权力已经走向衰落的话，它的义务仍旧保留了下来。每一个时代的群众都认识到，掌权者不能合法地要求服从，除非他们以履行某些职责作为回报，并且只能在他们履行这些职责的范围内要求人们服从。

社会的各个阶级之所以前后接替着丧失了政治权力，是因为他们已经不再提供作为其存在条件的社会服务。人们很长时间以来就朦朦胧胧地感受到的这种认识，如今已经得到了广泛的理解。这也是为什么我们不仅仅要肯定这种认识，而且更要努力地寻求对这些义务的法律基础——这也是现代国家的根本问题——加以

确定。当然,规定某种建立在当前的这一套或者那一套伦理体系
43 基础之上的道德义务将会是比较容易的。但是,任何伦理体系都免不了要受到批评。任何伦理的解决方案都是某种个人印象的结果,这种个人印象对于唤起直觉而言是非常适合的,但却并非出自于某种严格的科学论证。现代意识要求对它所面对的社会问题作出一个建立在对现实进行理性观察基础之上的明确解答。这不仅仅是一种加诸政府的纯粹的道德义务;这也是一种能够被赋予某种约束力——这一约束力被科学地组织了起来——的法律义务。一旦存在着这种科学的约束力,我们就可以假定政府的法律义务确实是一种现实存在的事物。

一旦个人主义成为当前流行的学说,那么个人自身的权利就可能引起政府部门的一项法律义务的产生。不过在今天看来,个人主义的危险性不比任何其他的伦理体系更小,因为它实际上完全是一种形而上学的假设。并且,它除了能够在我们要求政府履行某种积极义务的时候,反而引起某种消极义务的产生,就再也看不出有任何其他的作为了。卢梭,这位个人主义的狂热推崇者,在他承认个人权利不能对公意的至高无上进行限制时,就已经意识到了这一点。“这与政治组织的天然属性相悖,”他说道,[①]“如果主权者颁布某项他并不能执行的法律的话。”

44 所以,如果政府掌握着最高的强制权,那么它们如何能够受到那些因为向它们施加消极和积极的义务,从而具有更高效力的法律的约束呢?如果政府的行为因此受到限制的话,那么它们还拥

① *Contrat social*, liv. I, chap. VII.

有最高的权力吗？在我们谈及加诸最高权力之上的法律义务时，难道不是产生了一个悖论吗？不过，德国的思想家们看来是会接受这一观点的。像西耶德一样，[①]他们声称“不存在任何脱离主权、高于主权、或者与主权相匹的权利，这是一个不争的事实。主权者制定法律。”

上面的这种论调完全是一种谬误。对于现代意识来说，上面的这一结论只能够引起争议。因为，法律实际上是人类意识的创造物，可以这么说，法律义务之所以加诸政府之上，完全是因为我们今天已经确知法律不可能是其他东西。我们之所以能够作出这样的声称，是因为——就像我将要说明的那样——我们一直出自本能地组织着现代国家的各项制度，只是为了使这些义务具有强制性的约束力。社会学法学(jurestes sociologues)一直在寻求确定这些义务据以产生的事实。对于我个人而言，有一点是明确的，即社会法学的真正基础是社会的连带关系。[②] 这一认识无疑引致 45
了各种严肃的反对意见；不过事实仍然是，这是一种能够为我们所面临的问题提供建设性解答的观念。并且还有一点是很重要的，即对于上述政府义务的观念应当进行如此的延伸。法律和法律的规则产生于群众对于这样一个事实的深刻确信之中，即一项特定的法律规则是具有强制性的、一项确定的职责是必须要被实现的。简言之，法律首先是人们的精神产物，它是由人们在物质、智力，以及道德等各方面的需要所决定的。这并不是肯定一种

① Seydel, *Grundzüge einer Allgemeine Staatslehre* (1873), p. 14.

② 参见拙著 *L'État, le droit objectif*, 1901, p. 23 et(suiv.); *Traité de Droit Constitutionnel*, 1911, Vol. I, p. 14 et(suiv.)。

有别于个人意识的社会意识的存在。作出这样的肯定无异于进行某种危险的、形而上学的冒险。

如果政府权力确实具有多种多样的产生原因，例如物质的、经济的、道德的、以及宗教的原因，那么有一点就是同样明确的，即无论以任何持久的方式，它都只能通过其臣民对于统治者履行他们所负职责的确信来维持自身的存在。无论这种确信是否正确，实
46 际情况都是如此。迷信与无知可以使一个政府看上去是有益于其臣民的，哪怕事实上并非如此。在政治权力和公法中始终存在着一个不可或缺的因素，值得注意的是，这一因素是远远地处在社会契约的管辖范围之外的。社会契约理论认为，人们是通过一项协议联合起来的，并且放弃了他们天然的孤立状态；从而便产生了一个主权者和组成政府的集体意志。而恰恰相反，事实却是我们必须首先组成一个社会群体。统治者与其臣民的区别是自然形成的。前者的权力所施加在后者身上的程度，是随着后者对它的信奉程度，以及它本身的效用程度不同而有所差异的。

因此，在对权力的掌握和履行某些职责的义务之间便出现了一种密切的联系。人们非常明确地意识到了这种联系，并且也要求这种联系自身能够为政府的法律义务提供充分的依据。今天，全世界范围内的每一个统治者、君主、国王、总统、首相，还有议会，都不是为着其自身的利益，而是为着其臣民的利益来掌握权力，并且，这一观念得到了如此广泛的传播，以至于每一位政治家都要对之进行不厌其烦的再三强调，即使他实际上是想从自己的职位上捞取最大的好处。

第四节　现代公法的基础是什么(1) 47

公共服务就是指那些政府有义务实施的行为。这些职责的性质和范围是什么呢？关于这个问题，就像我在1911年曾经指出过的那样，是不可能获得一个具有普遍意义的答案的。“公共服务的内容始终是多种多样和处于流变状态之中的。就连对这种流变的一般趋势进行确定都并非易事。唯一能够确定的是，随着文明的发展，与公共需求相关的政府活动呈数量上升趋势，而这样所带来的一个后果是公共服务的数量也在不断增加。这是非常合乎逻辑的。事实上，文明本身完全是那些能够在最短时间内得到满足的各类需求不断增长的产物。结果，政府干预便随着文明的发展而很正常地变得更为经常了，这纯粹是由于政府能够一手将文明变成某种有价值的事物。”[①]

从前面的论述中我已经察觉到，政府必须随时履行三项职责：(1)国家防御；(2)维持国内安全与秩序；(3)司法。而在今天，仅是
这三项服务还不够。事实上，确实存在着这样的一些经济学家，他 48
们极其过时的研究结果表明，除了提供国防、治安与司法服务以外，国家不再负有其他职责，其余的一切活动都必须让个人自己来进行安排，因为通常情况下个人的这些安排足以保证所有的社会需求都能得到满足。对于这样的种种理论而言，事实是胜于雄辩的；因为现代意识是拒绝接受它们的。现代意识有着其他的一些

① 参见我的著作 *Traité de Droit Constitutionnel*, Vol. I, pp. 100-101。

需要，例如，要求国家不再将教育看成是私人的事情，并且在物质领域要求国家来组织慈善工作。

在整个世界范围内发生的经济与工业的深刻变迁逐渐创设出各种新的、政府所担负的义务。[1] 人们之间明显存在的相互依赖关系、经济利益的连带关系、不断加强的商业联系、智力成果与科学发现的广泛传播，都向国家施加了组织提供这些公共服务以及
49 长期保障国际交流的责任。因此，邮政与电报系统在现代国家中逐渐成为了一项极端重要的公共服务。这项服务确实明确地显示出了加诸现代国家之上的，对内和对外义务的法律属性。它体现了那些将各个民族联合在一起的权利与义务的一致。

在每一个国家之中，一种经济变革都在不断地发生，这种变革的特征可以用一句话来进行简短的概括，即在几乎每一个活动领域之内，民族经济都逐渐地在替代家庭经济。所伴随的结果是，同一个社会群体中的人们更加增强了互相依赖，即使是出于他们日常的和基本的需要。家族群体是不足以实现这些目的的。因此家族群体的对外联系越来越成为必需，并且这些联系活动是如此的重要，以至于不能容许发生间断。因此，确保这些联系得到持续便逐渐成为了政府的事务。

这样的例子是举不胜举的。每个人都作为其自身的公共运输员的时代已经渐渐过去了。今天，无论个人属于哪一个社会阶级，也无论他想要运送其本人还是其财产，都可以借助那些有责任提

① 关于这一变迁在英国的发展史，请参见 Dicey, *Law and Public Opinion* (2nd edition)，尤其是导言部分。关于这一变迁在法国的发展史，参见 Weill, *Histoire du Mouvement Social*。

供这种公共服务的群体。无论是我们的习惯，还是我们的经济需求，都不能承受哪怕是最短的延误；我们在日常的每一天里，都可 50
以感受到将运输事务组织成为一种公共服务的必要性是日益增加的。在那些大城镇中，我们需要电车轨道和一套公共汽车系统；在整个国家的范围内，我们需要铁路运输服务。交通，就像邮政部门一样，越来越具有国际性。不仅是公共照明系统，就包括私人照明系统也在经历着类似的变革。在奥弗涅(Auvergne)和布列塔尼(Bretagne)的边远地区，一个农夫如今已经不再满足于使用其父母用于室内照明的小油灯或蜡烛了。每户人家都期待使用电灯的那个时代距离今天尚不久远。当其如此迅速地成为一项基本需要时，它就会创设一个新的公共服务的目标。柏油的发明引起了一次经济与工业革命，这场革命才刚刚开始；电力运输无疑也会在不远的将来由政府来进行组织。这也为1906年6月15日所颁布的关于电力配给的重要法律提供了解释。

但我们并不需要固守这些经济方面的考虑。简单地讲，它们所表明的就是法律在经济需要占据首位的国家中是如何演进的。我在前面的论述中已经说明了，在人们理解到国家的职责不仅是提供对外防御及维护国内安宁之后，主权理论是如何立即走向衰 51
落的。在今天可以明确的一点是，国家政策必须由它所处的整个环境来加以决定。因此，对一项公共服务可以给出如下定义：任何因其与社会团结的实现与促进不可分割、而必须由政府来加以规范和控制的活动，就是一项公共服务，只要它具有除非通过政府干预，否则便不能得到保障的特征。

如果必须提出某种正式标准——即，是否要将某些需要公升地组织成为一项公共服务，可以由该标准来进行确定——的话，那么我就会认为，在因该项服务的延误提供——哪怕是短时间的延误——所造成的社会无序中，可以发现这一标准。例如，在 1910 年的 10 月，发生了法国铁路工人的罢工事件，虽然只是局部的和短期的，但却清楚地表明了铁路运输完完全全是一项公共服务。1912 年所发生的英国矿务工人罢工是类似的事件，这次罢工以其可能引起的重大损失表明，必须将采煤业组织成为一项公共服务来进行的时代正在来临，当阿斯奇特先生说服国会向煤矿矿主施以确立最低工资的义务时，他已经向着将采煤业转为一项公共服务的目标迈开了第一步。

52 ## 第五节　现代公法的基础是什么(2)

这就是公法领域中正在发生的这场深刻变迁的特征。公法不再是由某个享有发布命令权的，并有权决定在一个特定领域之内个人与群体之间相互关系(将之作为一项以其臣民为对象的主权事务)的主权者来加以执行的大量规则。现代的国家理论设计了大量的、对组织公用事业进行规制，并保障这些公用事业正常和不间断地发挥效用的规则。主权者与其臣民之间的关系在这里并没有表现出来。政府活动的一项规则就是有义务以避免产生任何混乱的方式来组织和支配公共服务。

因此，公法的基础不再是命令，而是组织。公法已经逐渐变成了客观的，正像私法已经不再建立在个人权利或私人意思自治的基础之上，而是代之以一种每个人都承担的社会功能的观念一样。
53 因此政府也相应地具有某种必须实现的社会功能。

这一观念所带来的结果立即就显现了出来。它们的具体验证将表明，我所主张的原则并不仅仅是某种理论，而且也确实是从事实中得出的归纳。由此可以推出，如果政府行为不是对某种带有威权性质的权利的行使，那么它就不具备任何特殊的属性。政府所具有的品性，以及政府所产生的影响，都来自于它所期待实现的目标。而这一点又反过来决定着法律的属性。在所有的君主制度中，法律本质上是主权的体现。法律首先是某种由主权者所发布的、并且也因此加诸其臣民之上的命令。不过，如今这已经不再是事实了。法律完全是某项规则的明确表达和一系列社会事实的产物——政府在公共舆论的压力之下，为了使自身获得最可能大的力量，而认为有必要将这些社会事实作为一项规则。大多数的法律在现实生活中都是为着组织和运营公用事业而颁布的。因此，法律首先是一种调整公共服务的法律。

上述理论的重要性是显而易见的。它明确地提出了法律在今天发挥功能的方式。政府负有确保公用事业顺利运营的法律 54
义务。出于这一目的，政府发布被称为法律的普遍性规则。这些规则的特征来自于政府为自己制定的目标。统治者自身是不可侵犯的。作为个体的公民只能在法律规定的范围内享受公共服务，并且政府也不能采取任何妨碍其履行维持公用事业运营的法律义务的行为。也就是说，公用事业是客观法所规定的制度。①

① Hauriou, *Droit Administratif* (5e édit.), p. 1 et suiv.; *Principes de Droit Public* (1910), p. 124 et suiv.

于是，行政管理便在其与这样一个目标所发生的联系当中——这一目标同某项公用事业相关——形成了自己的特征。当然，在被恰当地称为行政管理的行为，与由这一政府中某个下级公仆所采取的行为之间，我们必须作出区分。不过，这两种行为都具有一个共同的特点，这一特点来自于对二者起到决定作用的共同目标。所以，我们不必在不同类型的行政管理行为之间作出区分。最重要的是，我们不必在行政首脑的行为，与下级行政官员纯粹贯彻其上司意志的行为之间作出区分。

公共服务因此便具有了某种客观性。那些对它们进行调整的法律只是对一项普通政府职责的认可和执行。所有的行政管理行为都具有一个相似的特征，因为它们所实现的是某个相似的、公共的目标。在这些原则当中，一套新的制度可以得到重新确立。政府及其官员不再是向其臣民施加主权者意志的、人们的主人。他们不再是某个发布命令的集合性人格的器官。他们只是国家事务的管理者而已。这样一来，有一点是可以得到明确的了，即与人们通常所持的观念相反，国家行为的延伸与扩张不会必然强化政府的权力。虽然政府的事务增加了，其职责范围扩大了；但它的控制
55 权却消失了，因为没有人会再信奉这种权力。

的确，公共服务的组织与运营是成本高昂的。政府在这方面的预算支出是巨额的，而财富是构成权力的重要因素。另一个不容置疑的事实是，在国家职能进行延伸与扩张的同时，既提高了税收，又拓宽了政府控制的区域。可以在此补充说明的是，因为在实行民主制的国家中，权力来自于选举，并且因为政府官员的人数必须随着公共服务数量的增加而增加，因此各种政治考虑便以一种

有害的方式进入了行政管理的领域。如果国家的干预在任何制度下都是令人遗憾的，那么它在民主政体中也是如此。

上面所述的一切都符合实际，不过这丝毫不能改变现实。国
家干预日复一日地变得愈加强烈。在理论上，这并不能使政府所
享有的带有威权性的权利得到加强，因为政府并不享有这样的权
利。但难以否认的是，政府的权力实际上得到了加强。不过另一 56
个重要事实是，权力的这种强化通过分散化的趋势——这一趋势
正在成为政府演进过程中的主要特征之一——而得到了平衡，如
果不是被加剧的话。

增加政府的功能，就是使某项公共服务处于它的控制之下，同时保证这项服务能够不间断地得到开展。但这并不包括政府官员即时和直接地服从于政府的控制。与此相反的是，在许多原有的，以及某些新出现的公共服务中，越来越多地采用了各种形式的分散化体制。在某些情形下，如果行政事务与地区有着紧密程度不等的依附关系，则采取的是地区分权的方式。在某些情形下，行政事务是从过去一直延续下来的，例如某项确定的公用事业是移交给一批独立的官员来进行管理的。而在某些情形下，又存在着某一类行政性的工会组织，在这样的组织中，特定公用事业领域内的技术专家均享有某种进行指挥的权利。最后的一种情形是，可以将这项公用事业的运营委托给某一位在政府控制之下活动的个体公民。

与上述的公共服务分散化趋势相并行，另一种相类似的发展
趋势——我们可以将之称为政府活动的产业化——也在不断拓 57
深。当然，这一趋势只有在那些具有内在的产业特征的公用事业

（例如公交、铁路，以及邮政部门）当中才会发生。当法国的铁路运输业渐渐移交给各个私营公司来经营时，也同时授予一个特别产业组织以特许经营权；只有维持这种运营方式，这些私营公司才能够取得利润；因为这种特许经营权实际上与政府控制是一回事。如果由国家自身来管理特殊的公用事业，那么这项事业必然会趋向于完全在一个产业性的基础之上来得到组织。无论代价多大，都有必要保护这项产业免遭政治的不良影响，以此来避免总是会由这样的影响所导致的产业解体和金融欺诈的后果。有一点明显是必要的，即运务繁重的铁路区段应当提供持续性的服务，并且，如果铁路运输处于政府的控制之下，那么这种持续性服务的提供就只能通过在管理与财政上的独立来实现。

自 1911 年 7 月 13 日所颁布的法律开始，我们就已经朝着这一方向前进了，在该法第 41 条第 1 款中明确地规定了下面这项原则："那些构成国家铁路系统的线路系统（即过去的国有铁路与在西部购买的线路的联结），以及所有那些将通过今后的立法归并到这一系统中去的线路，都将由公共建设工程部部长授权一个直接对国家负责，并被赋予民事法律人格的独立机构来进行管理。"今后，在类似原则的基础上对邮政、电报和电话系统，以及所有这类
58 具有产业性质的公共服务进行某种组织管理，也具有十分迫切的必要。根据上述同一部法律第 33 条以下的规定，负责管理火药和硝石的部门可在某种程度上实现产业化。1910 年 6 月 26 日，当时的一位议员斯蒂格先生的一项提议震惊了整个众议院，他主张，"要使邮政和电报事业获得独立，以使其能够作为一项产业来进行

开发。”①

无论对国家的事务以何种方式来进行管理，其基本观念都是明确的：政府必须履行某些确定的职能。结果，一项公共服务便成了关于某种严格的客观秩序的制度，而这一制度是由一些平等地加诸政府及其臣民之上的原则来进行调控的。

第六节　公共服务的概念和制度保障了私人特许行业为满足公共需求而提供的正常服务

如果前文所述确非谬误，那么就会从中得出某些结论。在那些受到了这一发展趋势影响的国家中，立法与判例都应当倾向于支持创立这样的一种现实制度，这一制度将间接地强制政府把那
些与紧急公共需求相关的活动转化为公共服务。个体的公民要求 59
保障国家向其所提供的服务能够依照法律来进行。这也恰恰是在法国的立法与判例中正在发生的演变。整栋法律的大厦——其宏大的蓝图已经被勾勒出来了——正在朝向这一目标而得到构建。这无疑最为有力地证明了我们的理论不再是纸上谈兵，而是对确定事实的准确表达。

如果任何的公共需求——就像一个民族的法律意识所确信的那样——应当被组织成为一项公共服务，并且，如果政府拒绝为实

① Alcindor, “L' autonomie financière des postes”, *Revue de Science et de Législation Financiére*, juillet-septembre, 1910.

现这一目的而采取行动，那么对于那些个体的公民而言，法律的感召力又是什么呢？毫无疑问，在公法中仍旧占据主流地位的观念是，在当今世界的每一个文明国家里都会实行的选举制度和议会代表制度中能够找到真正的保障。个体公民在很大程度上必须以此作为依赖。

不过，在国外仍然还存在着一些关于这种制度的益处、以及它能够提供的保障的莫名其妙的幻想。当然，这种普遍的确信本身就是公民个人手中所掌握的一件宝贵武器。其所带来的压力能够
60 对国会产生最为强大的影响；并且，如果公共舆论极其轻易地就同意立法者放弃采取行动，那么从另一方面来看，政府就很难在必须要求其进行干预的情况下保持消极。

但是，如果政府在其消极态度明显将造成严重的混乱状态——哪怕只持续了短暂的时间——的情况下，仍然不进行干预，那么公民个人也不会完全地一筹莫展。一套新的法律制度正处于创设的过程之中，根据通常的术语学，我们可以将它称作国家责任制度。实际上这里引出了现代公法制度中的一个重要事实，这一事实对于专制主义国家理论而言是完全陌生的。国家的不作为关涉到它对那些由此而受到损害的公民所应承担的责任，即使国家是在行使立法权这一方面保持消极。如果我们仅仅注意到这一变化的极端重要性，那么这并不意味着更进一步的讨论是不必要的。

由于一部组织某项公共服务、并确保其运营的法令已经得到批准，因此上述的事实并非是绝对正确的。之所以能够对它进行攻击，完全是因为法律已经不再是主权者意志的命令，而是那些以一种普遍的形式来采取的、旨在保障一项公共服务持续运营的措

施的总和。这也正是每一个国家趋向于将那些避免立法的手段组织起来的原因。我将在下一章中具体讨论这些手段。

但还是让我们先来假定法律已经获得通过，并且公共服务确 61
实也正在运营吧。即使在公共服务依照法令的规定发挥作用的情况下，那些因为它的运营而遭受损害的公民个人也仍然享有求偿权。就像我们将会看到的一样，公共责任制度的重大发展已经进入了提供极其高额的救济的阶段。

如果公共服务作用的发挥既违背法令的规定，又不依照法律的要求来进行运营，简言之，如果出现了违背公共服务法的情形，那么就会按照公民个人的要求产生国家的责任，当然，前提必须是该公民已经遭到了损害。即使是在没有直接损害的证据的情况下，法律也仍然允许公民采取提起法律诉讼的救济手段。这一制度的重点在于法律所赋予公共服务的明确性质。这种诉讼是非常重要的，在性质上也是完全客观的。

于是便产生了下面的一个问题：公民个人是否享有要求公共服务必须依照法律规定来运营的权利？司法部的代表曾经在法国行政法院数次讨论过这一问题。当时作为政府法律顾问的罗密欧先生在讨论第一批这类案件的其中一件时，曾经发表过如下意见：[①]“因此，我们必须询问使用者是否享有任何要求政府进行行
政干预的权利。”在这样的提法下，这一问题很难产生实质性的意 62
义，或者说，这一提法至少是容易引起困惑的。至于是否存在着公民个人可以据以要求某项公共服务依照法律规定来运营的权利，

① Affaire Croix de Seguey-Tivoli, arret 21 décembre 1906, *Recueil*, p. 968.

这一问题又涉及到在国家与公民个人之间所存在的合同——后者可以据之强令前者履行法令所规定的强制性义务——的问题。公民个人明显是不能这么做的；并且，“国家责任”这一不太准确的术语也对政府代表所清楚感受到的犹疑不决提供了解释。

上述事实是总体状况的最鲜明表征。在这些事实的范围之内，目前正在逐渐形成一条新的法律规则和一套新的、可以导致诉讼的强制提起的程序。形成这一制度的基础是：创立和组织某项公共服务涉及到它必须依照法律规定来正当运营的问题。如果政府的管理行为与法律规定相冲突，每一个个体的公民均可通过提起诉讼的方式来使该项行为得以撤销。这是一种纯粹客观性的法律补偿。也就是说，公民个人并不、而且也不能要求国家必须确保公共服务的正常运营；他所能要求的只是将非法的行政行为予以撤销。

在国家与公民个人之间也并不存在着任何强制国家必须满足公民需要的法律合同，但某项法律、即一种纯粹普遍性的规则，确实调整着公共服务的运营，并且，如果国家违反了这项法律，它的非法行为就将被撤销。无论国家提供的是哪种公共服务，也无论它是怎样运营的，情况均无例外。在那些直接与公权部门相关的
63 服务，与那些下级文官纯粹执行其上级命令的服务之间，并不存在区别。并且，在那些直接由政府来进行管理、或是进行分散化管理、或者是由政府的受托人来经营的公共服务之间，也不存在区别。法国行政法院在此类案件的处理方面一直是踌躇再三的，并且它所确立的各项原则也并非总是不受非议的。但无论如何，事实一直在不断被验证，而我刚才所谈到的法律原则在今天可以被

认为是终于确立起来了。

我们不可能在这里具体地分析法国行政法院在这方面的判例。我们唯一能够注意到的是，这些判例是凌驾于其他一切理论之上的、将要支配公法的演进趋势的原则。任何现实主义的研究无疑都必须建立在这些判例的基础之上；否则设想中的解决方案就只能是形式的，并且将因为其人为的偏见而变得褊狭不公。在法国行政法院关于其所作出的最典型裁决的说明中，恰好可以明确地反映出这一点。

最先出现的三个判例与某些比较特殊的情况相关。在其中的一个案件中，某个公共交通系统[有轨电车]是由某个公司的受托人来经营的。[①] 该案所牵涉到的问题是，公民是否可以以“超越权限”(*ultra vires*)为由对主管官员拒绝行使权力，或者违反相关法律的行为提起诉讼。如果他可以提起这样的诉讼，那么很明显地，公民个人始终掌握着阻止违法行为的某种法律手段，即使违法行 64
为是居于主管地位的公务员所作出的。在我们所关注的这三个案件中，法国行政法院考虑再三，才认可可以受理这样的诉讼请求。1906 年 2 月 4 日，法国行政法院就“九月四日”大街的居民针对一项违反法律的政令所提起的诉讼举行了听审，该项政令是塞纳(Seine)的地方行政长官于 1902 年 8 月 25 日签署的，授权“东巴黎铁路公司”在“共和国歌剧广场”(Opera-Place de la Republique)的地表之上

① 根据 1880 年 6 月 11 日所颁法律的第 21 条至第 39 条的规定，法国的有轨电车系统，无论采取的是何种管理方式，都处于那些作为政府代表的官员的严格控制之下。

修建一条高架铁路。原告的诉讼请求最终得到了支持。[①]

在接下来的一年中，法国行政法院又向前迈进了一步。在前期的一些案件中，原告都是指控行政长官主动采取的、积极的行为。在 *Syndicat Croix de Seguey Tivoli* 一案中，原告抨击某位地方官员拒绝应他们的请求来采取与其所负职责相一致的行为，以阻止一家有轨电车公司停止进行某项据称是应当被禁止的、违反该公司章程之规定的汽车运输业务。法国行政法院最终支持了原告的诉讼请求。[②]

1907 年它又支持了一名长期被解职的官员针对国防部长所作出的一项决定而提出的诉讼请求。后者曾经拒绝强制“西部铁路公司”依照其内部规则第 54 条的规定向该官员减价出售车票。

65 原告声称这样做是不合法的；泰西埃先生在就此案所得出的重要结论中指出，其利益出于这类原因而受到不利影响的任何人，均可以对与某家铁路公司的章程相冲突的一项行政行为进行抨击。法院的裁决认为，这种章程是公司组织法的一部分。[③]

第七节　它也保障了政府直接提供的公共服务

因此，公民个人能够运用法律手段来使公共服务得以正常运

---

① Conceil d’État，4 février，1805. *Recueil*（《行政法院判例汇编》），p. 116.

② Conseil d’État，21 décembre，1906. *Recueil*，p. 961；*Sirey*，1907，iii，33.

③ Conceil d’État，Nov. 15，1907. *Recueil*，1907，p. 820. *Revue de Droit Public*（《公法杂志》），1909，p. 48.

营,即使这项服务是由私人来进行指挥管理的。但是在国家、或者是国家所属的各个行政管理机构直接对公共服务进行开发的情况下,也适用同样的规则。如果国家过去曾经一度拥有过发布主权者命令的权力,那么我们就不可能理解,一个个体的公民如何能够要求从主权权力那里获得对于确保公共服务的组织及其正常运营所必需的干预呢?但是,如果现代的法律出于保护个体公民的利益免受国家本身的侵害而集中规定了各项保护措施,如果每一个存在利益关联的人都具有就每一项国家所采取的非法行为获得法律救济的手段,那么我们可以明确的是,公法目前建立在一项强迫政府履行某些在公共服务中所蕴含的义务的行为规则的基础 66
之上。

对于公民个人在国家采取非法行为的情况下诉诸法律救济的这种客观认可,在与基础教育相关的重大利益的条件下得到了进一步确立。教育的中立曾经是一种不可能实现的妄想。但根据1882年3月28日,以及1886年10月30日所颁布的两部重要法律,教育中立的观念毫无疑问是组织进行基础教育的基本原则。一个个体的公民如何能够强迫行政部门来使他的孩子得到某种严格符合"教育中立原则"的教育呢?明显地,如果违法行为是一种教师个人的过错,那么孩子的父亲是可以要求教师来承担责任的。权限确定法院(Tribunal des conflits)在莫里佐(*Morizot*)案中(1908年6月7日)已经明确地确立了此项原则。但现实中的各种具体情况很少有如此清楚的。通常的情形是,中立原则是在不存在归咎于任何国家公务员的错误的情况下被违反的。例如,孩子的父亲诉称中立原则被违反的原因在于,校

方向学生发放了那些明显带有鼓励不贞行为倾向、或者至少是
67 具有反天主教性质的书本,如果事实确实如此,那么中立原则就明显是在不具有法律意义上所犯下的任何个人错误的情况下被违反的。

在上述情形下,学生的家长应当采取什么行为呢?他能够请求对这种违法行为宣布无效吗?他无疑是可以这么做的。这一问题已经被提交到法国行政法院,而且它的裁决是符合这一判例法的一般精神的。

这一问题的提出是由于一些家长要求撤销某些校方所作出的决定而产生的结果。家长声称,学生遭到开除的原因是由于他们拒绝使用那种在校园里通用的教科书。原告诉称,之所以造成错误地开除学生,原因在于孩子们听从家长的指示而拒绝使用教科书,因为那些伤害了天主教徒感情的教科书违背了教育中立原则。法国行政法院在六个案件中驳回了原告的诉讼请求,根据是法律规则明确地授予校方选择学校所使用的教科书及教学方法的权利,而在该校上学的学生必须服从学校的规定。一个学生如果拒绝遵守这种规定,即构成了违反纪律的过失,而这种过失是包括在校方为规范学校的管理而设置的各种惩罚的范围之内的。但是,法国行政法院同时又向学生家长指出了能够实现他们目的的方法。我们在此必须重新回顾裁决书的原文,因为它的陈述极其清
68 晰,得出的结论也非常典型。"如果学生家长认为学校教科书的编写违反了在1882年3月28日所颁法律中被奉为神圣的教育中立原则,那么作为当时新确立下来的世俗制度所带来的一个结果,他们必须到具备相应管辖权的机构去提起申诉。很明显地,他们享

有请求公共教育部部长依照 1890 年 2 月 27 日所颁法令第 4 条之规定：禁止在公立学校中使用那些内容可能引起反感的教科书的权利，只有在经过这一程序之后，他们才能够以越权为由向法国行政法院提起诉讼。”

最高法院也出于维护学生家长的利益，针对一切可能违反关于教育中立的法律的行为而确立了一套完善的保护制度。[①]

在一个事实详情非常受关注的案件中，法国行政法院曾经给出过一个类似的解决方案。表面上这个案件仅仅是一起单纯的村庄纠纷；而事实上它引起的却是一个极为重大的问题。这个案件的发生与邮政和电报局有关。在邮政局长与公社的一家住户之间——据邮政局长所言，这家住户豢养了一条凶猛的、危险的狗——产生了争执，结果邮政电报部副部长裁定，在这家住户同意在其花园尽头安放一个信箱和一个响铃以前，暂时停止向他家递 69
送邮件和电报。原告诉称，这位副部长所作的裁定已经超出了他的权限范围。他声称这一行为是与规范电报业的法律相抵触的，特别是违反了 1894 年 1 月 12 日所发布的法令——根据这项法令的要求，电报必须送达至它们的接收人、或接收人的代理人手中。如果要剥夺某一公民个人所享有的这些权利，那么必须以该接收人明显地具有某种过失为条件，并且行政当局必须证明这种过失确实存在。因为上述的这些因素在该案被告所作出的裁定中均不具备，因此法国行政法院确认这位副部长的行为无效，并向这位公

① 参见 6 份裁决书，1911 年 1 月 20 日，*Recueil*，pp. 75—77，1911 年 4 月 8 日，*Recueil*，pp. 481—482。参见 *Revue de Droit Public*，1911，p. 69，et *Sirey*，1911. iii. 49。

民保证其享有获得完整和正常的邮政电报服务的权利。[1]

对于公民个人的这种法律保护，在有些情形下是由制定法来加以组织的。1893 年 7 月 15 日所颁布的法律规定了公民获得免费医疗援助的权利；1905 年 7 月 14 日颁布的法律又确认了向年老者、体弱者以及绝症患者所提供的帮助。人们通常认为，1905 年颁布的法律承认了老年人和绝症患者享有获得帮助的权利。但这种看法是不正确的。真实的情况是，那些没有财产的年老者和体弱者被置于一种确定的法律状态之中。如果在他们的年龄、身体衰弱程度以及贫困状态已经符合了法律所规定之标准的情况下，行政机关仍然裁定拒绝向他们提供补助或者安排寄宿，那么他们就可以诉诸法律来使适当的主管机关撤销这项行政裁定。这样
70 一来，就像法院已经针对行政机关大体上建立起了一套法律保护制度一样，制定法也针对某项确定的公共服务而建立起了同样的法律保护制度。

我曾经比较详细地讨论了法院的判例法，因为它具有某种奇异的自发性。它同时也是我一直在试图表述的那种转化过程的结果和证明。因为国家与个人的主观权利正在逐渐消亡，所以我们今天所目睹的是政府所担负的某种客观职责的形成过程，这种职责与那些由法律来保障其正常进行的公共服务相关。

我很高兴地看到，像奥里乌先生这样著名的公法学家也得出了与我完全相同的结论，虽然他所运用的方法和使用的术语与我

① Conseil d'État，29 décembre 1911(chomel)，*Revue de Droit. Public*，1912，p. 38.

不同，他说：①“公共服务被认为是与那些利用它们的公众有关的，它们构成了……公民现有的生活状况。公众并不是享受公共服务的债权人；他们所能够做的就是从公共服务中获益。个体的公民手中握有某种改善其生活状况的现实手段。他们可以提起一项诉讼主张，并请求法国行政法院判定行政机关超越了自身权限；但这种现实手段并没有改变公民的生活状况具有客观性这一事实。”

还有必要补充一点，向个体公民所提供的这种法律保护一直得到了制定法的保障。行政机关实际上被禁止以保持沉默来阻碍法律诉讼的进行。在过去的很长一段时间里，政府是可以阻止公 71
民对其提起诉讼的；如果政府没有对公民的请求作出答复，或者行政机关未能应公民的请求采取行政措施，那么法国行政法院在当时是无所作为的。某种针对上述危险的救济手段的确立，最早要回溯至 1864 年 11 月 2 日所作出的裁决。法国行政法院当时认定，在考虑到行政级别的前提下，如果一位部门首长未能在四个月之内对公民的请求作出答复，那么他的沉默可以被解释为作出了项拒绝决定，并且可以被公民诉至法国行政法院。

上述思想在 1900 年 7 月 14 日所颁布的法案(第 3 条)中作为一般性规定而得到了普遍确立。该法规定，“在上述情形下，一个案件只能通过向法国行政法院提起一项针对某项行政决定的诉讼的手段来启动。如果行政机关的迟延持续了四个月以上，并且在此期间没有作出任何一项决定，那么有利益关联的当事人可以认为他们所提出的请求已经遭到拒绝，并可据此向法国行政法院提

---

① Hauriou, *Principes de Droit Public* (1910), p. 94.

起诉讼。”因此，行政机关的故意或无意的拖延并不能阻碍当事人采取获得救济的措施。

这一研究领域中目前仍保留着一块空白需要进行填补。毫无疑问，在行政机关负有高度责任——这一点如今已经成为现实——的条件下，个体公民可以获得完善的保护。法国行政法院无疑会撤销所有那些与规范公共服务运营的法律相冲突的行政裁定。但是，如何强制行政机关执行一份对其进行谴责的法院裁决
72 呢？如何才能使一位行政官员尊重一份宣布撤销其行为的裁决呢？如何才能阻止他再次违反法律呢？当然，一般的原则是，行政机关很少反对遵守法律裁判。通过使自己所作出的裁判赢得普遍的尊重，法国行政法院的声望与权威得到了广泛的承认。但同样不可否认的是，目前并不存在任何可以强迫行政机关遵守这些裁判的手段。重要的是，今后这些手段应当被有效地组织起来，并且我们可以觉察到的是这些手段已经开始得到了运用。这完全是一个普遍性的问题，一旦我们将合法与违法的行政行为之间界限的变化纳入考虑范围，我们就会碰到这个问题。①

① 参见下文第六章第五节。

第三章　制定法 73

在任何基于主权的公法体系之中，制定法（loi）都是对公法的最清晰的表述。卢梭在几个不同的场合指出了这一点。根据其定义，制定法是公意的表达，所涉及的是一种一般性的问题，而且，由于它将“意志的普遍性同处理对象的普遍性”结合起来，所以它具有一种无限的命令权，永远也不可能是不公正的，并且应当获得一种无条件的、不受限制的服从。

卢梭写道：“因此，我们立刻就会明白：我们不再需要设问是谁
制定了法律。法律显然是公意的行为。君主不能凌驾于法律之
上，因为他是国家的成员；法律不可能是不公正的，因为任何人都
不会对自己不公；我们也不需要问：一个人怎么可能一方面是自由
的，另一方面又受到法律的约束，因为法律只是我们的意志所发出 74
的指令。”[①]基于这样的认识，对制定法的盲目崇拜就应运而生了。

制定法当然是十分必要的。而同样明确的是，附着在制定法之上的普遍性特征构成了个人所能够用以抵制专断行为的最好保障。对于自由的最基本保障是一种只能在某些限制之下——这些限制是由某种在理论上事前形成的公意所固定下来的——才能因

① *Contrat Social*, liv. II, chap. VI.

人而异的原则。就这一点来看,新的公法制度只是对先前制度中各个成分的进一步修正与巩固。但在先前的制度中,例如在卢梭的理论中,制定法就是主权者发布的命令。作为主权者的命令,它不可能有失公正,而且也不受任何保留或者限制。任何法庭都不得审查制定法的合宪性。人们也永远不得认为,国家需要对其合法行为承担责任。

上述这种观念完全符合专制主义制度的逻辑。但显而易见的是,如果主权理论不再是政治理论的基础,那么这种观念就是过时的。因此,如果我们考虑到现代国家的法律生活中所包含的事实与状况——例如认可某种与将制定法作为一种主权者意志表达的
75 理论完全冲突的管辖权,我们就能够从另一个方面来说明公法的变迁。

第一节　法律的性质;法律为什么具有强制力;规范性法律的含义

一部制定法是对行为进行调整的一种普遍性规则。但因为如今我们已经从政治学中去除了假设存在着国家主权、神权,以及某种上帝所恩赐的遗产的那些形而上学的理论,* 因此一部制定法不可能再是出于主权权力的表达而形成的命令。制定法纯粹是那些制定它的人们——无论他们是处于领导地位的政治家、还是立

---

* 但是,如果读者参看 F. Geny, *Science et Technique en Droit Privé*, Vol. II ,ch. v,就可以发现其中指出了狄骥先生著作中的一个缺陷,即他没有在其著作中明确地提出形而上学这一表述,虽然在文中隐含了此意。——译者注

法机关的个别成员——个人意志的表达。任何与上述事实不符的观念都只可能陷于虚幻之中。例如在法国，制定法就是通常在众议院和参议院中构成多数派的350名众议员和200名参议员意志的表达。而行政命令——实际上它们是真正的法律——则表达了发布它们的政治家或行政官员的意志。

这种现实主义的国家观必然产生某种关于制定法的现实主义观念。当然，人们普遍承认一部制定法具有某种强制性的、甚至是专断性的力量。一部制定法可以不再是上级意志加诸下级意志之上的命令。但国家公务员和公民个人必须遵守制定法，这一点仍 76
然是毋庸置疑的。为了确保制定法得到遵守，政府可以在必要时合法地运用其所实际掌握的强制权。

上面所讨论的并不是相互矛盾的观念。就像我已经指出的那样，一种高于政府的客观法确实存在着。一个人类社会一旦存在，维持这一社会所不可缺少的条件就是一种社会纪律。一旦我们否弃了形而上学的理论，那么很明确的一点就是，社会环境必然会产生某种对社会行为进行调整的规则。但关于这种社会规则的观念绝不是形而上学的。它并没有超越社会之上。采取这种说法，也就是在使用这种规则中所内含的哲学术语。这种规则是社会的一个要素，或者毋宁说它就是社会自身。我们之所以服从这种规则，并不是因为它创设了某种更高的义务，而完全是因为我们是社会的成员，并且因此必须服从社会纪律。例如，禁止诸如谋杀、抢劫、纵火这类行为的规则，显然是在其被写入强行法之前就已经作为某种权利规则而存在了。我们所有人都明确意识到的是，这种规 77
则具有某种强制性，它不是超然的和抽象的，而是建立在现实生活

的基础之上的。

一旦理解了这一点，那么制定法强迫我们对其服从的原因就很清楚了。它不是——让我使用技术性的表述方法——一种命令。它之所以具有强制性，是因为它所阐明的是一种法律规则，而这种规则自身就是社会事实的表达。这就是我曾经在另外的场合将其称为规范性制定法的那种法律。[①] 它们的最显著例子就是刑事法律，或者至少是那些定义和禁止某些犯罪的法律。那些实际上确立了某种刑罚的刑事法律具有建构性法律——我将在后面谈到这些法律——的特征。在民事法律的范畴之内，也存在着一些作为规范性法律的规则，例如在民法典第1382条中所隐含的那些规则："个人应就其对他人造成损害的任何行为，在相关的过错范围之内承担修复其行为所造成的损害的义务。"而在《人权宣言》中所写入的那些原则，通常被认为是高于、并先于立法者而存在的规则。

我们之所以说规范性法律是适用于一切人的，原因在于它们
78 确定了一条每一位统治者都在一个特定的时间和地点加以承认的法律规则。戴雪教授在他的优秀著作《法律与公共舆论》[②]中，曾经就这一观念进行了精彩的阐发。"在任何一个特定的时期，都存在着由各种各样的信仰、观念、情感，已经确立下来的原则、或者牢牢植根于人们心中的成见所组成的整体，上述的这些因素共同构成了一个特定时代的公共舆论，我们也可以将之称为统治性的、或

① *L'État, le droit objectif et laloi positive*, p. 551 et suiv.

② *Law and Public Opinion* (2nd ed.), p. 19.

支配性的舆论潮流，并且，只要我们回想一下最近的这三个或者四个世纪，特别是19世纪以来所发生的事情，就会发现，这种统治性舆论潮流的影响已经在英国——如果我们放宽眼界来看待这个问题的话——直接或间接地决定了立法的过程。”

不仅在英国是这么一种情况，而且在任何年代的任何国家都是如此。我还可以再补充一点，如果舆论是立法过程中的重要因素，那么它只有在人们认为一条确定的规则已经经过某种社会同意而确立下来的前提下，才可能发挥这样的作用。换言之，只有在那些形成公共舆论的个人思想中确实具有法律观念的前提下，公共舆论才能发挥参与立法的作用。现在已经到了这样的一个时刻，即某些规则的明显必要性已经被人们如此深刻和普遍地体会到，以至于每一部确立这些规则的制定法都得到了人们的普遍承 79
认，尽管它们都具有一个明显的特征——强制性。[①]

还应当再补充一点，一定不能将这种规范性法律与习惯相混淆。制定法与习惯是两种不同的事物。制定法是社会需要在个人意识中精心设计的某种规则的表达。当然，有时候同一条规则可以在某种习惯中得到最初的、不尽完善的表达，而制定法随后会就这一规则给出一个更加精确和完整的表达。毋庸置疑，制定法与习惯所具有的强制力出自同一个来源，但它们对客观法的表达程度却是不同的。通常的情况是，习惯对于客观法的表达程度是有缺陷的，而制定法则对客观法进行了真切的、直接的表达。

① Deslandres, “Etude sur le fondement de la loi”, *Revue de Droit Public*, 1908, p. 33.

据说，一条建立在社会独立性基础之上的行为规则的实现并没有掩饰这样一个事实，即规则自身的性质是伦理的、而不是法律的。它自身并不带有强制性，因为它只有在被当作制定法而确立下来的情况下才具有了强制性。我们被告知说，对于这一点的证明，就是在这样的行为受到制定法约束以前，那些与习惯相抵触的行为是不受禁止的。而那些符合习惯规定的行为是不具有任何法
80 律结果的。因此，强行法就应当不仅仅是某种社会规则的简单陈述，而应当是一种被赋予了某种法律特征的社会规则。

当然，有一点是无可否认的，即如果没有成文的制定法、或者至少是不存在得到明确确立的习惯，那么就不会存在对于这种法律规则的确定的法律认可。但这并不等于说在这种法律规则中——它不是作为一种命令、而是作为一种从社会存在的必要性中产生的生活方式——缺乏关于义务的规定。我们也一定不能将这种法律规则的强制力与社会为确保它的实施而组织起来的约束力相混淆。至于社会用以组织这种约束力的方法，则是另一类法律——因为找不到一个更好的术语，因此可以将其称作建构性法律(lois constructives)——所涉及到的问题。

第二节　建构性法律的含义

建构性法律就是那些组织公共服务的法律，它们组成了现代立法中一个更为重要的部分。也许否认规范性法律的存在并不会引起什么麻烦；因为下面的事实仍然将继续存在，即政府所采取的每一个旨在组织某项公共服务的普遍性措施，都将通过物质性强

制的合法约束力而适用于所有人。事实上，政府在采取上述措施
时，只是实现了由它所处的位置而产生的、作为其职责所在的社会 81
功能。我曾经指出，没有必要知道是否存在着一项先于政府而产生、且比政府更具有强制力的法律规则。出于同样的原因，我们也不需要追问规范性法律是否存在，因为如果它们确实存在的话，它们也只是前面所说的那种法律规则的表达罢了。就我本人而言，有一点看来是很清楚的，即这种法律规则与那些作为其表达的制定法事实上都是存在的。我们必须假定它们存在，因为我们缺少了它们是不行的。社会生活的真正条件使我们对某些行为的组织与公共服务发生了联系；这种联系来自于下面的事实，即这些公共服务的运营具有在那些调整它们的普遍性规则中所包含的社会力量和社会价值。

某种起源于古希腊、但在我们所处的时代里也具有充分重要性的观念，在这里必须得到重视。我们必须知道，政府为什么必须要在公共服务的组织与运营过程中执行普遍性规则，并且只能在这些普遍性规则的范围之内采取个别行动。

答案是，因为这是个人所享有的、用以对抗专断行为的最确定的保障。

因此，在制定法的复杂性与统一性中可以确定它的强制力。它之所以是复杂的，是因为它不仅建立在制定法所固有的普遍性特征之上，而且也建立在制定法所要实现的目标的基础之上。它
之所以是统一的，是因为它基本上建立在政府确保公共服务运营 82
的职责的基础之上。

实际上，不存在任何不对某种社会需求进行有组织的调控、并

从中获得强制力的制定法，而是存在着许多只能通过这种途径来得到解释的制定法。确实，所有的制定法，即规范国家内部组织的所有制定法都被恰当地称为组织性的。如果我们承认国家的人格，并将法律定义为国家主权意志所发布的命令，那么要理解组织性的法律如何能够成为真正的法律是绝对不可能的，因为国家是不能向其自身发布命令的。[①] 但是从另一方面来看，这些规范所固有的强制性是非常明显的——前提是这种强制性来自于政府所担负的、组织满足社会需求的手段的职责。那些旨在实现这一目的的制定法之所以具有强制性的特征，完全是出于它们所要实现的目标的原因。宪法，以及那些规范一般性行政行为的法律，都是基本法律，因为它们的目的就是向国家提供满足社会需求的最好手段。

83 对于刑事法律而言，上述的论断也同样可以适用。它们具有最强烈的强制性，或者毋宁说它们是向个体公民发布的禁令。我们对它们观察得越是深入，就越是感觉到它们并不是一种向个体公民发布的真正的禁令。立法机关并没有——因为它不能——告诉我们如何杀人，如何抢劫，诸如此类。它只是组织了一种公共手段，并且规定，如果有人实施了一项它预见到的、并将之定义和描述为对法律的违反的行为，那么法院就将对行为人宣判某种惩罚。这种刑事命令——正如宾丁所言[②]——并不是向个体公民发布的。仅仅知道社会宣布什么是得到允许的、而什么是受到禁止的

① 但是在德国的学说中，并且主要是在耶利内克关于国家“自我限制”的学说中，这事实上是可能的。

② Binding, *Die Normen*, I, p. 66 (2e édition), 1890.

权利究竟植根于什么基础之上，尚不能发现刑罚权的基础。政府必须确保——就像人们一直认可的那样——国家的内部安全。政府的刑事立法便是为着这一目的而采取的手段，并且也从中获得了自身的合法性与强制性。

最后，民事立法——与治安及司法制度相似——是从制度上对某种公共需求的满足。有人可能要问，民事制定法如何能够具 84
有强制性，因为所有的民事立法、尤其是拿破仑法典的第6条，都以原则的方式确认私人协议可以排除民事立法的适用。这一规定引起了下面这么一种看法，即民事立法关涉到那些职务在于通过对个体公民之间所发生的争议进行裁断来制定法律的司法官员。一件诉讼中的当事人可以达成与所有民事立法都相冲突、但又不影响公共秩序和公共道德的协议，但法律以一种非常确定的方式规定了法官的职责。他必须依据由当事人所达成的协议来对私人关系作出裁断。如果不存在协议，或者协议的内容不明确，他就必须依照民法的规定来解决问题。因此，民法显然提供了某种公共需求——即对司法的需求。那些涉及公共秩序和公共道德的制定法，例如那些与国内组织、或者当事人行为能力等等相关的法律，是不能由协议来排除其适用的。它们本身就确定了法官的角色和职责，而法官则必须宣布所有的这类协议都是无效的。因此，它们在司法制度中是组织性法律。

即使在涉及到行政事务的情况下，一部制定法也不是一项命令。它的强制力来自于它同某种满足社会需求的手段的关系。我 85
完全承认，迄今为止我所归纳的制定法的特征是从纯粹的理论论证中推导出来的，而它与现实情况的关系则仍然需要进一步确证。

这些现实情况完全是与帝制主义观念相对立的。在那样的法律制度中，可以推出四个被当作神圣的教条而得到承认的结论：(1)一部法律就是一项只能从人民或其代表中产生的决议；(2)一部从国家的主权意志中产生的法律不受制于任何形式的诉讼，并且也不产生任何责任；(3)一部具有上述特征的法律就如同主权一样——是单一和不可分割的。因此，在一个国家中是不可能由各个地区或者各个团体来通过制定法的。(4)作为一种命令，一部制定法永远是一种单方行为。制定法与私人协议是两种相互排斥的观念。因此，一项法定的协议是一个自相矛盾的术语。

不过在今天，上述的这几个结论都已经不再是正确的了。因
为确实存在着那些并非出自于人民或其代表的制定法。制定法可
能会引起诉讼、并涉及到国家的责任。各个地区与团体在通过它
86 们的制定法。而我们确实也会签订某些具有法律约束力的协议。
对这些变化必须进行具体研究。

第三节　法律与行政规章之间的区别

首先要明确的一点是，如果一部制定法是主权权力所发布的命令，那么它就只能通过掌握这种权力的国家机器来制定。事实上，人们长期以来都认为下面的这条原则是绝对的，即制定法只能从某个机构——例如代表全体国民来行使国家主权中所包含的各种特权的议会——中产生。这实际上就是著名的分权原则。在1791年宪法第3章序言的第3条中，规定了“立法权委托给一个由经过人们自由选举产生的临时代表所组成的国民大会来行使。”而第3篇则规定“宪法将以下提到的这些权力和职责授予立法机关专门行使：提出法律草案并颁布法律；国王只能建议立法机关将某个问题纳入考虑范围。”[①]这样一来，立法权便成了由国民代表专门行使的特权，他们甚至被授予了启动立法程序的专有权利。

但宪法关于分权的规定尚未到此为止。1791年宪法第3篇第4章是这么规定的：“行政机构不能制定任何法律，即使是临时性的法律；它只能依照制定法的规定来发布行政公告，以要求，或 87
者是废除对这些制定法的执行。”无论对上述这条规定作出何种解释，它的目的都是很明确的。它完全从国王那里剥夺了我们今天称之为发布规章的那种权力。“行政公告”这一用词非常具有典型性。它意味着皇家法令本身并不具有效力，也不是法院必须加以适用的规则，而只是向国家公务员所发布的、命令执行或者废除执行一部制定法的一项指示。在共和历3年宪法中也提出了相同的原则：“一部制定法就是大多数公民或者公民代表的共同意志。”[②]行政首长只能发布那些或者是符合制定法的规定，或者是执行制定法的行政公告。尽管存在着上述的这些限制，但同时也产生了所谓的“行政决定”——这是一种大量存在的法令，它肯定是不同于行政公告的，而是一些本身就要求法院和国家公务员像执行制定法一样来对其进行执行的普遍规则。

在执政府时期（1799—1804）和法兰西第一帝国时期，由政府

① Art. 1. ch. iii. § 1.

② Constitution an III. art. 144. §§ 1 et 2.

所发布的普遍性规章的数量已经占到很大的比例。共和历 8 年宪法已经不再提到行政公告，而是使用了行政规章的提法。“政府可以提出立法提案，并制定对于法律的执行所必需的行政规章。”这里的一个特征是某些术语发生了变化；它们不再涉及到那些执行
88 某部法律的行为，而是涉及到这样的一种行为——它蕴含着一项由其自身所具有的强制力所确立下来的规则。从共和历 8 年开始，无论政府采取的是哪种形式——帝国、王国、或者共和制——由政府发布的行政规章的数量一直在持续增加。当然，如果我们接受 1814 年宪章——该宪章（第 14 条）授予国王发布对于执行制定法以及国家安全所必要的行政规章的权利，那么所有其他的宪法性法案就都将国家元首发布行政规章的权力同他的行政权力联系了起来，并且赋予这两种权力以一个共同的目的——即执行法律。但上述的这些限制性规定都是无力的。因为事实总是比宪法规定更为有力；行政机关颁布命令的权力一直在不断地扩张，并且我们也确实制定了某些不可能仅仅关乎法律的执行的规章。因此，除了被恰当地称之为“立法”的法律以外，还同时存在着一种真正具有行政性的，并且对个体公民、行政人员以及法院都具有与正式制定法一样的强制力的立法。

我们在这里不可能对那些从法国总统的发布命令权中所产生的无数矛盾，特别是关于由议会授予他享有的一种假定的委任立法权的问题来进行讨论。不可否认的事实是，总统在今天已经不仅限于发布与先前的制定法有关的行政规章了，他还可以发布许
89 多丝毫不依附于任何正式的制定法，但却仍然被普遍承认有效的单行规章。例如，由总统签发的各项治安通则就属于后一类行政

规章。[1] 即使是进行最为细微的比较，都不能将所有的这些规章与制定法作出特别的区分。[2]

从对它们的正确定义来看，无可否认这些普遍性规章都是用以约束个体公民、行政机关和法院的。违反它们与违反制定法是一回事。

但这也并不等于说，总统可以就任何事项发布行政规章。有一些属于立法机关职责范围内的固定事项，是只能单独由议会来进行处置的。但这只是一个关于权限的问题，而并不触及到我们所持的基本观点，即在制定法与行政规章之间不存在区别。

并且，即使在过去的某个时候曾经存在着这样的区别，它也正在逐渐趋于消失；也许它甚至已经被废弃了。如果这种区别曾经存在过，那么也只可能是出于奥里乌先生所指出的原因。他认为，[3]制定法是对个人行动的充分自由所施加的普遍性限制。而 90
行政规章则是目的在于组织和运营某种公共服务的普遍性规范。而我在前面已经指出过，这恰恰正是制定法所要实现的目的。我的基本观点就是，在我们所正在目睹的变迁过程中，存在着某些具有制定法性质，但又并非出自于行使主权权力的公共机构的行政规章。这样所导致的一个结果便是，制定法已经不再是必须与主权相联系的了。[4]

① 参见1899年3月1日总统令以及1901年9月10日总统令关于汽车的规定，还有1901年10月8日关于内海航行的规定。

② 关于总统的发布命令权，参见 Berthélemy，"Le Pouvoir Réglemenlaire de Président"，in *Revue Politique et Parlementaire*，Jan-Feb. 1898.

③ Hauriou，*Droit Administratif*（7e edit.），1911，p. 50.

④ Moreau，*Le Règlement Administratif*；Duguit，*Traité*，I. 137，201 seq；II，451.

有人可能会说，制定法与行政规章之间的区别在于，一部行政规章可能会因为它的不合法而受到指控，而制定法的合法性却不会受到质疑。即使这种说法是正确的，那么上述的区别也正在趋于消失，并且在某些国家中这一区别是不存在的。而且它也没有触及到行为的内在性质这一问题。对合法性的质疑并不以颁布这部法令的机构或代表所具有的性质作为基础。如果制定法不受合
91 法性的质疑，那也只是因为法国的法律目前尚未承认可以将立法机关的行为诉至法院。当然，这体现了那种关于立法机关是国家主权的反映的旧观念。但是，就像我们将会看到的那样，现在已经得出了我们一直在试图推出的观点。制定法将如同行政规章那样受制于法院的控制，这一趋势已经指日可待。

第四节　制定法与行政理论

在帝制主义学说中，制定法天生就无责任。作为主权意志所发布的命令，它可以被推定为表达了一项法律规则。一个法院不能对制定法提出质疑，因为它的职责就是执行由某部制定法作为主要渊源的法律。这是极其正确的，因为主权并不是某种存在内部等级的事物；并且，由于一部制定法是主权的直接体现，因此任何机构都无权来衡量它的有效性。

在英国，上述的观点至今仍然得到了广泛的认同。每个人都知道一句很著名的说法，即英国议会除了不能把一个男人变成女人以外，可以做任何事情。戴雪教授曾经以一种非常具有震撼力
92 的方式指出过这一原则的含义。“议会——用一位法学家（虽然这

个词在日常谈话中具有不同的含义）的话来讲——就是指国王、贵族院和平民院；这三个共同行动的机构可以被适当地描述为‘王在议会中’，并组成了议会。”

“立宪君主制原则不是指别的，它就是指上面所定义的议会根据英国宪法的规定而享有制定，或者废除任何法律的权利；并且，英国法律不承认任何个人或者机构享有超越或者废止议会立法的权利。”[①]

在这个方面，英国看来并不太可能——至少在目前——改革它的判例法制度。

不过，在美国和法国已经出现了某种重大变化的迹象，并且这一变化在法国还尚未结束。这一变迁的起点，就是普通法律与宪法之间的区别在 18 世纪末得到了承认。为了避免混淆，戴雪教授将这些法律称为宪法，以加强它们与其他法律的区分。我不可能在此具体说明这种区别的起源与发展的情形，特别是法国观念与美国观念之间的相互关系。[②]

到了 18 世纪末，上述的这种区分已经在法国和美国两个国家中都成为了公法的一项基本原则。不过我们一定不能夸大它的重
要性。它决不意味着承认一个制定宪法的机构与一个制定普通法 93
律的机构在它们各自的权限范围内均同等地享有至高无上的地位。它也并不意味着承认一个制定宪法的机构享有高于普通立法

---

① *Law of the Constitution* (8th ed.), pp. 469—476.

② Borgeaud, *Établissement et Revision des Constitutions* (1893); Gajac, *Dela Distinction, Entre des Lois Ordinaires et Constitutionnelles* (1911); Duguit, *Traité*, II, 513 et suiv.

者的权力。在以主权观念为基础的公法理论中，主权是统一的、不分内部等级的。每一部制定法——无论它是否是宪法——都是国家在其主权权限范围内所发布的一项命令。但是，如果一部法律具有宪法的属性，那么这种命令就会以不同的形式来得到表达。这一点之所以很重要，是因为它意味着宪法的性质决定了它是不能由普通法律来加以变动的；并且，宪法的修改只能通过颁布另一部宪法，或者通过某种特殊的方式来进行。

这显然廓清了一个在法国和美国都必须提出来进行思考的问题。如果制定普通法律的机构通过了一部违反宪法的制定法，法院是否可以将其撤销呢？是否存在着一个有权宣布这一撤销的法院呢？目前尚不存在这样的法院。的确，在共和历 8 年宪法第 21 条和 1852 年宪法第 29 条中，作为一个保守性机构的参议院被授予了维持或者撤销一切被视为违宪性法律而向它提交的法案，包
94 括那些由立法机关所制定的法律。但无论是第一帝国的参议院还是第二帝国的参议院，都没有运用上面所授予的权力；它们仅仅是一件容许皇帝随其个人所愿来变更宪法的工具。

这里还可以提出与第一个问题既相区别，又相联系的另一个问题。即，如果一个人在某个民事法庭、或者是刑事法庭上受到违反某部制定法的指控，那么被告以这部制定法具有违宪性为申辩理由是否可以构成一项有利的答辩或者辩护呢？虽然法院确实不能宣布这部制定法无效，但却可以以其违宪为由而拒绝适用。在美国，这个问题得到了肯定的回答。如今，这个国家已经牢固地确立了这样的制度，即任何法院都可以采纳当事人就制定法的违宪性所提出的申辩，并拒绝适用一部违反宪法的法律。同时也确认，

甚至连最高法院也无权撤销一部制定法。

现在让我们来看看对这一问题的解决方案在美国是如何得到进一步发展的。它无疑是从关于殖民地时期的记忆中产生的，在那个时期，法院可以、并且在逻辑上也必须拒绝支持那些超出了由母国所授予殖民地享有的立法权之限度的制定法。解决一个联邦制国家中法律之间冲突的必要性，是一个明显的缘由；并且，虽然被援引的宪法原文事实上与这一问题并不相关，但它还是一直被
作为这种判例法的依据而得到援用。而其他法院也随后步入了最 95
高法院所踏上的道路。不过对于这一问题我不能再进行过多的详述了。[①]

而在法国所发生的演变又是另一种情形。一条长期以来一直得到承认的信条就是，任何法院都不得采纳当事人就违宪性所提出的申辩，并且，法院即使在认为一部制定法确实违反了宪法的情况下，也不得拒绝对之进行适用。但是，可以就一部行政规章的违法性提出某项申辩则是不受质疑的——即使是在总统经过议会的明确授权而发布规章的情况下。这种解决方案的依据可以在刑法典（第 471 条第 15 项）中找到，这部刑法典所涉及到的行政规章实际上只是那些赋有刑事约束力的规章。不过它现在适用于所有种类的行政规章。

我们已经在此停步不前了。很长一段时间以来，法律理论

---

① 关于对这个问题的详细论述，请参见 Beard，*The Supreme Court and the Constitution*。参见 Nerincx，*L'Organisatiorz Judiciaire aux Etats-Unis*（1909），p. 36 et suiv.；Laraude，*Bulletin de la Sciété de Législation Comparée*（1902），p. 179 seq.；Boudin，*Pol. Sci. Quarterly*（1911），p. 338。

与法律裁判都一致赞同这样一种观点，即任何法院均不得裁量
96 一部制定法的合宪性，或者是以此为由拒绝对其进行适用。在这一主张背后所潜藏的思想是再清楚不过的。在它看来，一部制定法就是某种国家主权的表达，任何法院都无权来对之进行裁判。这是那种将法院作为国家的仆人、同时禁止法院的意志与国家在其立法权限内的意志相抵触的理论所产生的合乎逻辑的结果。

不过，通常的解释却与上述的思想有所不同。它完全是从分权原则中推导出来的。司法权一定不能侵犯立法权和行政权。对权力的这种分立模式，可以援引宪法条文来予以支持。[①] 这些条文实际上与我们所讨论的问题并没有联系。分权原则引出了一个完全不同的解决方案。一个以违宪为由拒绝适用某部制定法的法院并没有干预到立法权的行使。它也没有延缓立法权的实施。除非涉及到我们正在讨论的问题，否则法律将仍然保持原样。

这完全是因为司法权不仅与另外两种权力有所区别，而且也独立地处于与这两种权力平等的地位，因此它不能被迫适用它认
97 为违宪的制定法。在美国，这一点一直是被人们所理解的，并且分权原则从逻辑上赋予美国的法院以司法审查的权力。因为，如果要拿走法院的这项权力，就等于使法院的地位低于立法者的地位，并且使法院丧失了独立性，从而违背了分权原则。因此，法国的法院之所以不能行使司法审查权的真正原因，就是作为国家主权意志之体现的制定法，必须不受限制，并且不加保留地得到施行。

---

① 参见 1791 年宪法第 3 编第 5 章第 3 条和 1790 年法律第 10 条第 2 款。

第五节 学说与判例

如果——如同我所设想的那样——主权的观念正处于逐渐瓦解的过程之中，那么我们就应当发现授予法院以司法审查权的趋势正在不断上升。而实际上这种情况确实已经发生了。当然，法国的法官们是一直拒绝讨论制定法的合宪性问题的，而且在今天他们也仍然不会改变态度。1833 年的判例——在这一判例中，某
项就制定法违宪所提起的申辩被最高法院(Cour de Cassation)驳 98
回——在今天仍然得到了有效遵循。一位记者以 1830 年 10 月 8 日所颁布的法律违宪为由提起上诉。法院没有采纳这一申诉理由，依据是“由于制定法是通过宪章中所规定的方式来进行起草和颁布的，因此法院不能支持一项对其合法性所发起的攻击。”[①]

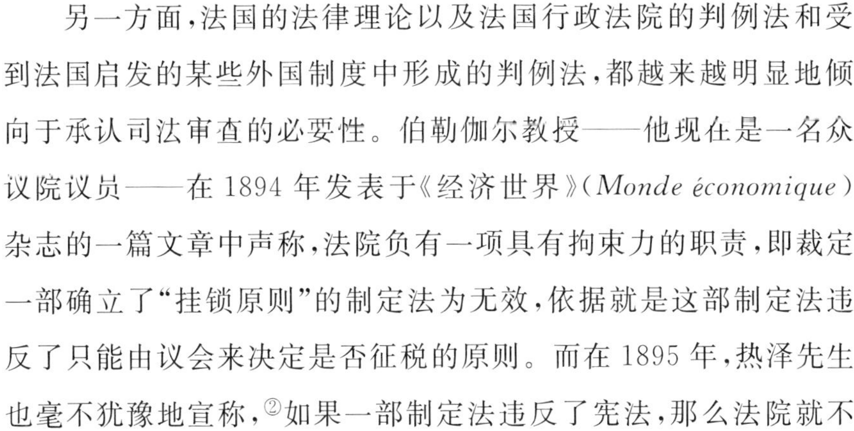

另一方面，法国的法律理论以及法国行政法院的判例法和受到法国启发的某些外国制度中形成的判例法，都越来越明显地倾向于承认司法审查的必要性。伯勒伽尔教授——他现在是一名众议院议员——在 1894 年发表于《经济世界》(*Monde économique*)杂志的一篇文章中声称，法院负有一项具有拘束力的职责，即裁定一部确立了“挂锁原则”的制定法为无效，依据就是这部制定法违反了只能由议会来决定是否征税的原则。而在 1895 年，热泽先生也毫不犹豫地宣称，[②]如果一部制定法违反了宪法，那么法院就不

① *Sirey*,(1833),I, 351.

② *Revue Générade d'Administration*(1895),Ⅱ, 411.

能对其进行适用，因为在相互冲突的权威性面前，它们必须确认宪法的最高权威性。在那些名副其实的学术权威中，这种主张正在赢得越来越多的赞同。[①]

这一论题也得到了奥里乌先生的捍卫。[②] 法国行政法院在
99 1909 年 8 月 7 日所作出的一项裁决中，拒绝撤销一项以参加罢工为由而解雇大量邮政职员的法令。虽然这项法令明显违反了 1905 年 4 月 22 日所颁布的财政法案的第 65 条。依据该条的规定，任何公务员都不得在未被事先告知解雇理由——至少是其即将被解雇的事实——的情况下受到解雇。奥里乌先生极其正确地洞察到，那些支持法院所作出的这一裁决的人们不能证明法国行政法院自身所作出的解释是正当的。这一解决方案只有在下面的理论中才能得到解释，即如果 1905 年财政法案的第 65 条甚至可以适用于某个由于罢工而牵连到某些公务员遭到解雇的案件，那么这条规定就是违宪的，依据是它与国家存在的基本条件相冲突。因为行政事务的正常进行正是国家存在的目的或理由（*raison d'être*）。当法国行政法院基于以上根据而支持了这条关于解雇的政令时，它只是在拒绝适用一部违宪的制定法。奥里乌先生显然是正确的；他的理论也涉及到了我曾经提出过的那种国家观念，即由政府来对一系列公共服务提供保障与实行控制。

法国行政法院的这种解决方案还得到了贝泰勒米教授的支持。[③]

---

① Saleiles and Thaller, *Bulletin de la Societé de législation Comparée*（1912）, p. 240 seq.

② *Sirey*（1909）, Ⅲ, 14.

③ *Sirey*（1912）, Ⅳ, 12.

在当前这一段时期，这种主张正在扩散至整个欧洲。在德国，拉邦 100
德教授[①]告诉我们，在经过大量的讨论之后，德国的大多数法学家已经对司法审查制度表示赞同。在挪威，从司法机关所公认具有的特征中已经合乎逻辑地推出了法院的司法审查权，而不需要将其写入正式的法律文本当中。挪威最高法院在1890年、奥斯陆地区法院在1893年都对此表示了承认。雅典最高法院在1904年以最明确不过的文词提出了这一学说。[②] 伊尔福法院新近所作出的一项得到罗马尼亚上诉法院确认的裁决已经采纳了这种主张，这可以从裁决中那些极其明确的词句中看出来。它们之所以采取了这种明确的态度，应当归功于贝泰勒米先生和热泽先生[③]在一件发生于布加勒斯特市与城中的有轨电车公司之间的案件中所表达的意见。这家公司请求法院拒绝适用1911年12月18日所颁布
的法律，根据是这部法律中有关侵犯财产权的规定违反了罗马尼 101
亚宪法的第14条至第30条，因此是违宪的。法院在其所作出的一份极其引人注目的裁决中采纳了这一申辩理由。一个月以后，最高法院通过以下的词句对这一裁决进行了确认：“如果在某个案件中，当事人提出了一条关于某部制定法违宪的申辩理由，那么法官不得拒绝就这个问题进行审查。毫无疑问，当两部制定法发生冲突时，决定它们中的哪一部应当得到适用是法官的权利与职责，同样地，即使当这两部法律中的一部是宪法时，法官也仍然负有这项职责。在这些限度之内，司法审查权是无可争辩的。这项权力

① *Droit Public*，Ⅱ，322.

② *Revue de Droit Public* (1905)，p. 481.

③ *Revue de Droit Public* (1912)，p. 139. *Sirey*，Ⅳ，9(1912).

最初、并且也是自然地和合乎逻辑地来自于司法机关——它的任务就是执行法律、宪法也不例外——的性质与特征。在宪法中不存在任何剥夺司法机关这项权力的条款。”①

这些事实清楚地反映出，如果说欧洲的判例法尚未承认法院
102 可以以违反某项更高的法律规则为由宣布一部制定法无效，那么至少它也已经非常明确地倾向于允许任何相关当事方提出一项涉及违宪的申辩了。事实的绝对力量将必然导致法国的判例法最终得出这一结论。这一变迁很可能将由法国行政法院来进行宣告。在讨论奥里乌先生对那份维持 1909 年政令的裁决所作出的似是而非的解释时，我曾经指出过实现这一变迁的途径。在过去的很长一段时期以内，法国行政法院一直在受理当事人就行政规章的不合法性所提出的申诉，即使它认为这些规章是根据立法机关的委任授权而发布的。法国行政法院从 1907 年起就开始受理针对上述那些规章所提出的关于超越权限的申诉，即使它同时也支持委任立法的理论。② 那么，如果存在着委任授权的话，则行政规章
103 从逻辑上来讲实际上就是议会的产物；因为，除非是委任授权本身不具有任何意义，否则它就意味着一个机构将自己的权力移交给另一个机构行使。

从对行政规章合法性的审查到对正式制定法合宪性的审查，这条道路是平坦和短暂的。因此很可能出现的情况就是，在不远的将来这一变化将成为确定的事实。这一事实与下面这一有趣的

---

① *Revue de Droit Public* (1912), p. 365 et suiv.

② *Recueil* (1907), p. 913; (1908), p. 1094; (1911), p. 197.

论断相联系，即众议院今后应当采取某些指向这一目标的措施。1903年1月28日，于勒·罗歇先生、查尔斯·贝诺瓦先生和奥迪弗雷先生共同呈递了一份法律提案，这份提案建议在1875年2月25日颁布的宪法中补充这样一条规定：“应当建立一个负责对公民就行政机关的立法侵犯了他们的宪法权利所提出的申诉进行裁量的最高法院。”查尔斯·贝诺瓦先生在同一天还呈递了一份关于建立一个应当就侵犯公民的权利与自由进行审查的最高法院的提案。[①]

① *Journal Officiel*, Documents parlem, Chambre, 1903, session ordinaire, p. 95 et 99.

104

第四章　特殊法规

其他一些事实很清楚地表明了主权命令概念在制定法中的消
失。正是在这里，我们可以辨识出当代最为复杂的变化。实际上，
关于主权国家，它从民族性中脱胎而来的过程，它位于确定的领土
之内并被组织为一个政府等问题的理论是完全合乎逻辑的。主权
105 国家使所有的意志都臣服于自己，但其自身却摆脱了所有的控制。
各种法律文本证明了这种理论所产生的巨大影响。[①]

这种理论所造成的后果是非常明显的。如果法律是统一的主权意志的表达，那么，在给定的领土范围内只能有一套法律，而且，只承认这一套法律的国家成员不可能再承认其他形式的成文法的效力。但是，我们将看到：在现代国家中，除了全国性的法律以外还有地方法规和团体法规，公民们承认这些法规，而法院也实施着这些法规。

第一节　地方法规

主权理论显然不能允许一种联邦制的政府组织形式。每一个

① 参见 1791 年宪法第 3 编第 1 条；1848 年宪法第 2 条。

法国人都知道国民大会曾经如何尖锐地抨击试图引入联邦制的提议。国民大会所理解的联邦制就是我们今天所称的权力分散化——也就是允许某一特定区域实行自我管理的制度。那些起草 106
1791年宪法的人明确地宣称，联邦制与主权统一的原则相悖。1789年国民大会建立了一套双重意义上的地方分权制度，即所有的地方公务员都须经过选举产生，并且中央政府的控制力被大大缩小。但宪法又规定："行政机关不是一个代议机构。它的成员由人民不时地选举出来，并在王室的监督指引下行使各种管理职能。"[①]因此，尽管地方机构是经选举产生的，但地方团体的代表以及它的意志——只要它具有意志的话，是不会拥有任何能够制定地方性法律的代表的。国家、民族、主权、法律——它们全都是单一和不可分割的。

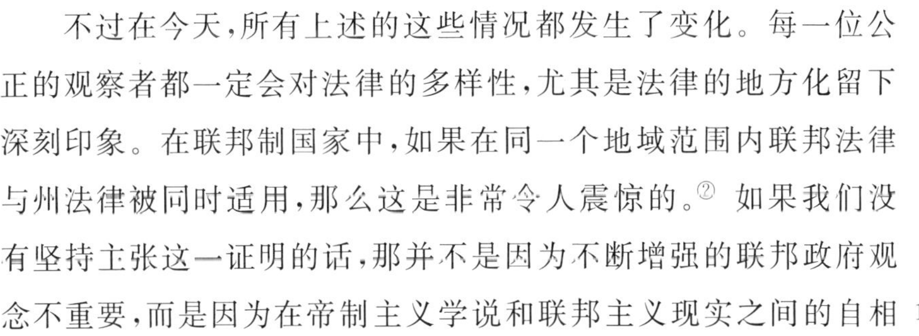

不过在今天，所有上述的这些情况都发生了变化。每一位公正的观察者都一定会对法律的多样性，尤其是法律的地方化留下深刻印象。在联邦制国家中，如果在同一个地域范围内联邦法律与州法律被同时适用，那么这是非常令人震惊的。[②] 如果我们没有坚持主张这一证明的话，那并不是因为不断增强的联邦政府观念不重要，而是因为在帝制主义学说和联邦主义现实之间的自相 107
矛盾是如此地显而易见，以至于我们不需要再对之进行讨论了。

此外，这种法律地方化的趋势不仅出现在联邦制国家中，而且也出现在像法国这样的单一制国家中。法律首先是一种从中央政

① 参见1791年宪法第3编第4章第2节第2条至第3条。

② 但是，观察者也应当注意到联邦控制也在不断加强的趋势。参见 Franklin Pierce, *Federal Usurpation*, 1908，以及 Laski, *Problem of Sovereignty*, Appendix B。

府中产生的规则，并且在理论上适用于国家中的全体个人；但是在它的旁边，地方性法律也开始显现了出来。

在法国，权力分散化的问题自1871年以来便经常处于讨论之中。省议会于1871年8月10日所颁布的法律是朝着这一方向所迈出的一步。而1884年4月15日所颁法律的制定者们在不具备多少正当性的前提下，试图创立一套非集权化制度。议会也花费了好几年的时间来讨论几项旨在以地区来代替部门的不同提案，以试图建立一种真正的自治和扩大社区的权力。几个富有才干的人曾经怀抱过这样的希望：一套应当包括“名单投票制”(*scrutin de liste*)和少数代表制在内的选举改革的制度，必定会成为一场指向非集权化方向的、声势浩大的行政改革的前奏。但是由于上述的两个计划都搁浅了，所以我们所讨论的范围必须仅限于实际发生的情况。

今天，无论在实践中，还是在理论上，各个社区，或者至少是各个大城镇，都毫无疑问地拥有某种独立于中央政府立法权的立法权。而地方在立法权方面的限制产生于这样的一个事实——无论
108 是对于大社区还是小社区而言，即使它们的市政制度在法律上都是一样的，但物质实力也会导致只有大城镇的自治才可能成为现实。

当然，这样的一种观点也是正确的：即，因为这种市政自治的制度是由国家创设的，因此国家也可以将之收回。但是习惯却使市政独立得以如此普及，以至于要完全取消这种制度是不可能的。

不论情况可能会是怎样，在一个有限的领域中，特别是在关系到治安与市政服务的范围内，市长可以以行政规章的名义制定实际上的社团法。这些行政规章在一个真正的意义上，构成了对它们所施行之区域中的每个人均可适用的社区法律。如果它们不能修改那些从国家治安体系中所产生的各项职责，也至少可以增设关于这些职责的规定。他们在这样的一种意义上是真正的制定法——即，它们是由某种惩罚性的约束力确保其得到服从的普遍规范。如果依照它们的规定实施行为，就可能导致一种享有法律权利的状况；而如果违反它们的规定，则会产生应负的法律责任。

通过制定法、习惯法，以及法院的意见，这些社团法逐渐被视为是以地方团体的名义而制定的。在今日法国的每一个社区中，109
市长都是由市议会选出来的，而市议会反过来又是通过该社区范围内的普选而产生的。

1884 年法律并没有授予市议会以控制市政规章的权力。但是，实际上习惯却赋予它这种权力。在法国的所有市镇，市议会都明显地行使着这种权力；而且，某些最近的立法，比如 1902 年 2 月 15 日法律，就规定市议会可以参与治安条例的制定。现在，人们已经普遍承认，在地方代表中央权力的省长不能改变市政规章，而只能以某些市政规章不合法为由而废除它们；而且，他也不能取代市长的位置，只要后者已经采取了所有必要的治安措施。如果省长在这个问题上超越了自己的职权范围，市长可以向法院起诉，请求宣布省长的决定无效。从这一点上看，市长在他的社区中不单是省长的下属，他还是一个真正的立法者，在权力分散化的体制中代表着他所在的地方。

法国行政法院的几个裁定已经给予这种权力明显的支持。其中最引人注目的是 1902 年 6 月 7 日的裁决，该裁决支持了内日(Néris)市市长针对阿利埃(Allier)省省长提出的诉讼请求。[①] 后者颁布了一项对这一度假胜地的俱乐部进行管理的规章，而这一
110 规章与该市市长先前颁布的规章相矛盾。在 1910 年，法国行政法院又支持了一位市长针对一位省长而提出的诉讼请求，后者通过一项决定废除了前者的一项决定，该决定的内容是废除前任市长关于禁止游行的一项规定。[②]

从责任的方面来看，市政规章作为社团法的性质也是非常明显的。法国行政法院越来越倾向于承认市政规章中所包含的社区共同责任。这方面的判例明显地与另一些正在逐渐发展起来的判例有着紧密联系，后者确认了公共行为的公共责任。这些判例当中所包含的法理表明：市政规章是一种真正意义上的社团法，因为承担这些规章所引发的责任的是作为一个社区的市镇。这种责任最近在一个判例中得到了确认，该判例所涉及的主要事实是：一位市长非法管制了教堂里的钟的使用，特别是要求在市民葬礼中使用这些钟。法国行政法院废除了该市长的决定，并且在原则上确认了社区由于这个规定所导致的道德偏见而对教区牧师所负的责任。[③]

111
第二节 地方权力部门的规章

我们在地方上不只是可以看到地方法规，而且可以看到具有

① *Sirey* (1902), iii, p. 81.

② Conseil d'État, Dec. 16, 1910; *Recueil*, p. 957.

③ *Le Temps*, 17 juin 1912.

类似的有限性的地方公共行政部门颁布的规章。这些地方公共行政部门是权力分散化(或非集权化)的产物。而行政权的分散化正是我们这个时代的特征之一。

我们在前面已经提到过这种发展趋势,特别是它在法国的体现。其主要特征就是让行政部门的公务员自己管理自己所提供的服务。但是,这种制度只涉及技术性的行政事务,而不涉及国防和司法等事务,这些事务仍然处于中央政府的控制之下。

这样一种制度的要素并不存在于其代表人的参与和服务的方向之中,而是存在于它的团体组织性和家长式专制性之中。也就是说,行政官员自己可以获得一项独立的预算,用以进行国家政府监督之下的管理活动。这种国家的监督首先是建立在必要性支出制度的基础之上的;即,在某项公共服务的管理者可能会对预算产生异议的情况下,国家有权强制列入它认为某些对公共服务正常发挥功能所必需的支出。而必须与行政权分散化相配套的,是在责任人确定和严格约束力的条件下,由行政官员对国家所承担的个人责任。

目前我们只是朝着这样的一种组织制度迈出了第一步。但是 112
已经出现了下面的迹象,即这一变迁将加速进行,并且在避免过度吸收个人主观能动性的情况下,它正在成为国家权力扩张的至关重要的条件。

在法国,公共事业部门是职能分散化的一个明显例子。这些部门是拥有独立预算和进行独立管理的公共服务部门。它们的行政官员组成了一个虽然目前规模尚小,但今后必然会扩大的管理委员会。其中,理想的类型是根据 1896 年 7 月 10 日颁布的法律所创设、并依照第二年发布的大批政令所组织起来的我们各个大学的管理委员会。它们各自都拥有自己的独立预算;在国家的监督之下,它们通过一个完全由教授组成的校务委员会来进行管理,而委员会的成员都是由其同事从该校中选出来的(但作为委员会主席的校长例外)。高等院校中的教师享有一种受到严格保护的地位,并且都要遵守校务委员会(它相当于一个独立公司的理事会)的纪律;但他们同时也可以向上级教育委员会——其大多数成员均是经选举产生的——提出申诉。

与每一个公共服务部门所呈现出来的行政自治趋势相并行的,是赋予公务员以特殊地位的趋势。这种地位与两个彼此紧密
113 相关的目的相联系。一方面,它的目的在于保护行政人员免受专断的冲击,并确保其职位的稳固、其正常的职位提升,以及抵御政治影响的手段。而另一方面,它又旨在确保公务员能够从一种不断改进的视角出发来热爱他的工作。第二个目的是更为重要的。法律不会倾向于保护公务员的个人利益,而是倾向于保护他所从事的公共服务事业的利益。公务员的这种地位随部门的不同而有所差异。确实,几年以前众议院曾经考虑过关于制定一项规范全体公务员的地位(只有很少几个例外)的法律的提案;而在1911年年底,马日诺先生也曾提交过一份关于这一问题的著名报告。但是众议院一直没有讨论这一方案,而且它今后是否会讨论这一问题也尚是一个疑问。部门多样化的程度已经是如此之大,以至于根本不可能由法律来保障它们的某种一般性地位。[1] 对于这一问

[1] 但是,一位著名的公务员曾经提出过这样的建议。参见 G. Demartial, *Le Statut de Fonctinannaires*, 1909。

题的解决方案是通过部长与终身任职的行政官员之间所达成的协定来确立一种相互分离的各部门自己的地位。

在功能分散化与行政官员的地位之间所存在的密切关系，在1911年的财政法（第41条以下）中被明确地提了出来，这部法律赋予国有铁路系统以一定程度的自治权。该法第56条创设了一个名为“系统委员会”(conceil du reseau)的委员会，有四名行政官 114
员被任命为该委员会的成员，而他们都是由铁道部部长从那些被选到铁路系统的各个委员会中任职的代表中挑选出来的。该委员会必须就那些与行政官员的地位相关的规则提出自己的建议（第58条第2项）。这种地位——根据第68条的规定，它应当在一年之内得到适用——作为部长与各部门代表之间所达成的协定的结果而被确立下来。有关的行政官员对此提出了一些抗议。不过随着事态的逐渐平息，这样的协定逐渐得到了实施。（这种协议就其本身来说就具有非常重要的意义，这种重要性首先在于它不仅是一种技术上的创新，而且还准确地预见了这些公共服务在未来的组织形式。）除非具有革新意义的措施阻碍和扭曲这场正常的变革，从而损害了那些它自称为其造福的人。

为每一项相互独立的、分散的服务制定一部法规，也就是在制定一部与全国独立法相区别的法规。一个拥有独立预算的自治的部门，是一个自给自足的法律实体，因此也必须有专门为它制定的法律。这部法律的整个目标就是规范该部门的组织与职能；而这样制定出来的法律是一部完全意义上的制定法；即，它是一种建立在法律约束力基础之上的普遍规则，如果谁违反了这种规则，就要被诉至法庭。

115 有关一部有别于全国性立法，并适用于某种分散化服务的制定法的例子，在某个大城市慈善事业管理的实践中得到了清楚的展现。这一公共服务部门确立了自己的组织和颁布了自己的条例。它以行政规章的名义发布了大量规则，而这些规则实际上就是安排如何管理该部门事务的法律。它们的违法性——就像法国行政法院经常裁定的那样——也涉及到撤销的问题。因此，调整某项具有自治性的公共服务的制定法，无论在其目的，还是其来源方面都有别于全国性法律；而对于由每所大学为着其自身的管理所发布的规章来说，也是这样的一种情况。就这一点而言，每一所大学的校务委员会都享有完全的立法权限。

第三节　制定法与纪律性规章

每一种分散化的公共服务所特有的法律在其与一种特殊法律地位的关系中体现得最为明显，这种特殊地位是为不同部门的公务员而设立的。“地位”这个词——它逐渐成为了一个技术性的法律术语——从总体上界定了一个特定团体中的特定个人，由于具有该团体的成员资格而进入的一种法律状态。因此，如果要谈到一个特定部门中的公务员的地位，也就是承认了这一点：因为他们隶属于该部门，因此他们具有某种特殊的法律地位。当然，如果所
116 有的公务员都具有相同的地位，那么就必然会推论出，这一地位的来源是某项全国性的立法。虽然这种地位可能与普通公民的地位有所区别；但这种区别将是一种通过代议制的手段来安排的，从国家组织体制的利益出发的普遍性区别。尽管如此，每一个部门中

的公务员的地位仍是不同的。每一个部门都参与到决定——在有的情况下甚至是确定——它将具有什么样的地位的过程中去。有的情况下，这种地位适用于、并且也只能适用于某个单独的部门。这样，我们就有了一种与全国性立法相区别的、调整一个特定团体的活动的制定法，并且它只适用于这些行政官员——他们在这一团体中的成员资格使得他们的职位具有了某些特殊的需要。

我在前面已经提到过，在 1912 年 9 月，依照劳资双方之间所签订的协议，在铁路系统中成立了一个特别机构。出于这一目的，一部本质上是制定法（因为它是一种附有法律约束力的普遍性规范）的法典被起草出来了。它不是一部全国性的立法，因为它只适用于某个独立于国家的团体，并且无论是它的来源，还是目的，都是从该团体的特殊地位中产生的。

上面的这种说法可能还包括了对公法中最为困难的问题之一所作出的回答。在最近这几年中，法国和德国的公法学家已经对 117
纪律法性质的基础这一问题进行过很多的研究。这个问题实际上就是，同样的行为如何能够在作为纪律制裁的对象的同时，又不作为刑事制裁的对象？再有，同样的行为如何能够同时既作为刑事制裁的对象，又作为纪律制裁的对象？

在近来就这一问题所发表的所有著述文章中，都存在着一个明确的倾向，就是将纪律法看成是适用于某个有别于国家的团体的法律。例如，曾经引人注目地详细阐明了关于拥有主观权利的国家人格理论的耶利内克教授，[①]就毫不犹豫地断言道，纪律制裁

① *System der öffentlichen Subjektiven Rechte* 2e édit, 1905, p. 214 et suiv.

与刑事制裁完全不同，因为前者并非来自于国家发号施令的权力。对于他来说，进行惩戒的权力属于完全独立于国家的教会、社区、社团、家族、公共事业部门这样一些团体，在某些情况下甚至属于个体公民。

在我看来，我的同事波那尔先生对这些事实作出了最好的解118 释[①]。他认为，惩戒权是一个独立于国家的团体内部的惩罚规则，因此上述两种法律的来源和活动范围都是完全独立的。他还认为，在现代法律中，公共活动趋向于采取团体的形式来进行。这样，一项公共活动中的惩戒权就成为了一项被团体性地组织起来进行的行政事务的惩罚规则。这种解释完全适应了现行各项制定法及行政规章向不同部门的团体委员会授予惩戒权的一个显著趋势。

在我看来，波那尔先生在将纪律规则称之为团体内部的惩罚规则时，显然将它的适用范围进行了严格限制。也许他确实没有在历史的和法律的意义上使用团体这个词。但在他不加充分限制地声称公共活动趋向于采取团体形式来进行时，他实际上已经走到了这一步。但纪律规则仍然既不是全国性的，也不是出自于国家的法律，而实际上是各个独立的，并且或多或少具有自治性的团体内部的惩罚规则。这些团体就是那些具有区域性或社会性的协会，例如同业工会或者志愿者协会，它们虽然不作为技术意义上的法人，但却作为准法人性质的联合体而开展活动。如同它们变得更加分散化一样，公共服务也正在变得更具有自治性，这是一个无

① Bonnard, *De La Repression Disciplinaire*, thèse Bordeaux,(1902).

可否认的事实。

因此，适用于一个特定部门的行政官员的纪律规则就是团体内部的惩罚规则，即该团体具有一套组织规则。但它同时也是一 119 种惩罚规则，其基础与所有制裁性法律的基础是相同的，即，必须对每一项可能危及该团体的生命安全（在这里就是指公共服务的运行）的行为进行惩罚。所以，管理公共事业的行政官员就从属于具有某种独特性的刑事法律。全国性刑事法律的目的在于保障全体人民的安全。而各项特定的公共服务的惩罚规则，则要确保该项服务的运行与它的基本目标相一致。两者的适用领域明显是有区别的；但行政官员必须对两者都予以遵守。某项行为可能会受到一种法律的惩罚，但却不会受到另一种法律的惩罚；不过这项行为也可能会受到两种法律的惩罚。刑事制裁并不免除纪律制裁，反之亦然。

显然，这使得帝制主义理论中关于存在一部适用于某个特定国家中全体个人的统一法律的论断是显得不切实际。

这样一来，这种纪律完全就是客观法——任何特定的公共服务都依照它来组织进行——的一部分；并且，这些公共服务自身可能还会通过司法管辖权的形式而组织起来。一项违反纪律的过失行为可以由公共服务的组织法来进行预设和界定，并且，对于任何可归入这类范围的行为均不得施以惩罚。对于那些有关的惩罚而言也是如此。当然，针对任何违反纪律的现行过失行为，制定法还可以对那些可由惩戒机关来宣告的惩罚作出界定。最后，纪律性惩戒还可以由一个真正的法庭来进行宣告，同时法庭也确保被告获得普通法律所给予他的一切保障。

这无疑就是纪律制裁正在不断演进的方式。对于某些行使公
120 共权力的人员来说,对其施以惩戒的权力是由不同的具有管辖权的机构来行使的,例如大法官委员会(conseil supérieur de la magistrature)——它不是最高法院各审判庭的一个联席会议,而是一个常设机构,或者是国民教育高等委员会(conseil supérieur de l'instruction)这样的机构。在某些部门中,施以惩戒的范围已经得到了明确的确立。目前已经足够明显的趋势是,终有一天那些应当被施以惩罚的过失行为将由制定法来统一界定。

事实上,正如同公共服务逐步走向自治的过程一样,惩戒的演变也是沿着同一条道路而逐步渐进的过程。我们可以看到,一种与全国性的刑事法律并行,或者是在其之外的惩戒性规章已经建立了起来。帝制主义的公法显然已经不再是一元化的了。

某几类行政官员所要遵守的是一种特别引人关注的纪律。他们就是各个评议会议的成员和议会中的特别成员。

议会的各项规则并不是正式的制定法。它们是由各项通过每个议员分别投票所作出的决议共同构成的。但对于每一位议员来说,它们仍然构成了一种确定的法律。当然,议员可以修改议会的法令,但只要这项法令尚还存续,它就要对各位议员的行为进行规范。这些法令构成了一种适用于议员的纪律性章程。它们设定了各种惩罚措施,就众议院所制定的纪律性章程而言,其中有一项惩罚措施——因为遭到了非议而暂时被排除适用——可能将导致事
121 实上的监禁(第 126 条)。这种纪律性章程既可以由总统、也可以由议员来进行适用,并且它显然是一种由某个法庭来进行宣告的刑罚。因此,很难将这种法律与那种将法律视为某一主权意志所

发布的命令的观念调和起来。它无疑是一种普遍性的规范。但是它并非出自某种为了颁布制定法，而依照宪法确立下来的权力，即使它可以将刑事措施包括在内。我曾经试图通过提出下面这一假设的方式来对它进行解释，[①]即，每一个政治团体都是一个对它自身及其成员行使某种立法权的自治团体，因此它的纪律性文件就可能是它的惩戒性规章。但是，如果我们不把立法机关看成是一个社团，而看成是一个以立法作为其功能的公共服务机关，那么这也许会更为简单，也更为正确。这样，它的各项规则也就会成为它的组织法；并且，作为一个自治的组织，它就会像我在前面曾经谈到过的那些公共服务部门一样，拥有自己的特别法律。

第四节　志愿组织的规则

如果各个评议会议不是自治的团体，那么也存在着许多具有这一特征的团体性组织。朝着社团方向前进的这场运动，尤其是在同业公会这一领域中所发生的变化，毫无疑问地保留了 19 世纪 122
末和 20 世纪初的显著特征。这场变革并没有认可组建社团的权利。“勒夏佩里埃法”(*La loi Le Chapelier*)明确禁止组建各种职业团体。[②] 这部刑事法典以极其严厉的刑罚来禁止组建 20 人以

① 《宪法论》，第二卷，第 317 页。

② 第 291—292 条。关于进行联合的权利，参见 Weill，*Droit d'Association*，1893，以及戴雪的著作《法律与公共舆论》(第 2 版)中一个值得重视的脚注，见第 467 页以下。

上的社团。[①]

这是非常合乎逻辑的。事实上，一个社团就是一个在国家的机体之内组建起来的、打破它的内在统一的团体。社团拥有独立于国家法律之外的自己的章程——这是一个在帝制主义学说中不可能出现的概念，因为这种学说将个人视为国家的一部分，并以个人从属于国家的法律来作为其自由的唯一保障。在社团理论中，个人要被迫宣誓效忠于国家之外的某一组织；这样就等于承认了一部与国家法律相区别的，并因此破坏了主权权力统一性的法律的权威性。

在“勒夏佩里埃法”中，上述的观念得到了完全清晰的和合乎逻辑的表达。这部法律认为，职业团体是与作为宪法之根本支柱的自由原则相矛盾的；因此它们的任何形态和形式都必须被禁止。尤其引人注意的是，它禁止从事同一类职业的公民“制定涉及到他
123 们所设想的共同利益的各项规则”。[②] 这样的一种社团章程显然将会直接与统一立法的原则相对立。

显然，以社团化为方向的这场运动的不断深入，是与那种将法律视为国家主权意志的观念的消亡相伴随的。我们已经不再可能赞同这样的一种理论，即国家的制定法不是法律，而是一系列个人契约的条款。在今天，只有那些好古癖还在作为这种理论的捍卫者。那些起草“勒夏佩里埃法”的人决不会在这一点上被蒙蔽。他们清楚地看到了一个社团的章程对该社团的成员实施控制的方

① 1791 年 6 月 14—17 日法律。

② 见 1791 年 6 月 14 日所颁法律，第 2 条。

式，这也正是他们为什么以违背宪法为由而禁止制定这些章程的原因。当然，1901 年颁布的关于组建社团权的法律的确认为，在理论上一个社团仍然是由民法典中关于契约与义务的各项原则（第 3 条第 3 款）来进行规范的。但这纯粹是一个立法上的错误。值得注意的是，1901 年所颁布的法律——那是一部反对个人主义，并且是从一个对于个人主义而言可谓不幸的进步中所产生的法律——是由某些在每一个阶段都要引用各条传统原则的人所起草的。与无数其他的证明相比，这可是一个新的证明，即立法者个人的想法未能抓住这样一种生存法则——他自己制定的法律也仍然是其中的一个部分——的精神。

某个社团的章程不是一项契约的条款，而是一部确定的法律。
我不可能在这里对此进行技术性的分析。不过大概的界限还是清 124
楚的。在《拿破仑法典》中继续得到采用的罗马法中的契约，完全是一种个人主义的概念。它意味着两方的意志所作出的表达，每一方的意志都具有一个不同的预期目标；在作出这样的意志表达之后，产生了一份双方都彼此受到控制的协议。任何一个研究罗马法中关于约定的理论的人，都能够明确地设想到一份契约的心理特征。但是，如果有几种意志在不存在预先协议的前提下汇合到了一起，如果各方在虽不具备相互之间的控制、但却具有一个预期共同目的的前提下确定了一个相同的目标，那么这便不是一份由他们所签订的契约。我们所看到的，就是今天以“集体行动”（acte collectif）或“合作”（collaboration）这一术语来命名，而德国人称之为“共同行为”（gesammtakt）或“协定（vereinbarung）”的法律行为。我们也可以用契约这个词，不过我们是在一个与其原初含义相当不同的意义上来用它的。

在组建一个社团的过程中，是不存在任何契约的，因为各个成员出于对其公共目标的考虑，都希望达到同样的目的。他们意图的表达并不对彼此构成限制，他们只是在赞成一个共同的目标。在那些可能归属于同一个社团，但彼此却互不相识的成千上万的人们之间，是不存在任何意志之间的协议的。

但是，契约总是会产生一种所谓的“主观法律状态”。在那些
125 技术性的条款中，契约在订约的双方当事人之间——其中的一方必须履行某项行为，而另一方则可以要求对方作出这种履行——创设了一种具体和即时的法律约束。这种状态完全是个别化的；它只约束上述的双方当事人，而不是其他人。在民法中有一条众所周知的原则，即协议仅仅对订约的当事人产生影响。此外，这种状态还是一种暂时性的状态；一旦债务人履行了他的义务，法律的约束力即不再存在。

而一个社团的章程却并不创设一种法律状态，而是持续地对该团体的管理活动进行规范。社团的成员受到某些义务的确定的拘束，例如支付会费的义务。这项义务不是从契约中产生的，[*]而是参与到一个要求对它的各项规范予以遵守的社团之中所导致的结果。支付会费的义务从那时起就成为一种完全类似于支付税款的法律义务。甚至在该社团的全体大会作出大幅度提高会费金额的情况下，社团成员可能也必须支付，哪怕他对此提出了异

---

* 关于普通法国家对这一问题的不同态度，请参见 Laski，“The Personality of Association”，29 *Harv. L. Rev.*，404。——译者注

议。当然，他可以从该社团中退出；不过他永远负有支付年度会费的义务，甚至还会更多一些——如果该社团的规则是这样规定的话。

社团的规则之所以是真正的法律，还因为它们确立了该社团的目标；并且，这些规则通过确立社团的目标，还确定了它在法律上的权利能力。1901 年 7 月 1 日颁布的法律正确地将社团的目标规定为它的基本要素。该法第 3 条认可了每一个具有合法目标 126
的社团的法律存在。第 6 条允许那些宣布或公布了其目标和构成的社团获得对于其目标的实现所必需的不动产。因为这一目标是由该社团的规则所确立下来的，因此这些规则构成了一部组织法。

上述的还不是全部。社团具有某种只能由其机关来行使的法律权利能力；这些机关是依照那些同时也规定了它们的权限的章程来组成的。在这里，一种真正的组织法的强制力又显现了出来。每一项违反了这些规则的行为，例如在必须经过该社团的全体大会批准的情况下未经批准，或者是在要求由全体董事（理事）共同作出决定的前提下由主席单独作出决定，都是无效的。对于这类行为，不仅社团本身可以宣布其无效，而且第三人也可以提出。因此，我们不可能说这些规则是一项契约的条款。恰恰相反，它们首先是一种法律。它们是一种持续适用的普遍性规范，违反了这种规范的行为将会被法庭宣告为非法。

对于所有的社团，甚至对于那些具有公共性的社团来说，情况都是如此。无论是它们目标的确立，还是它们的机构设置，均不是由承认它们存在的法令来加以规范的。这一点可以在下面这条规定中找到依据：“它们（追求实现某个公共目标的社团）可以实施任 127

何未被其章程禁止的民事行为”(第 2 条第 1 项)。确认令只是对社团的章程予以批准,而章程才是社团的组织法。

就像大多数近代立法一样,法国的强行法将社团从民法上的公司或商业公司中区分开来。公司是为了赢利的目的而组建的,而社团却具有一个无私的预期目标。但我不可能在此讨论这一区别是否已经严格地确立下来了。在任何情况下,下面这一事实都不可能对社团章程的性质产生任何影响:即,一个社团的成员在追求,或者并不追求一个有益的目标的同时,又可以对社团自由的缓步到来,以及某些即使在今天也仍然保留了下来的不具有正当性的严格限制作出解释。就像社团的章程一样,一个公司的章程也是一种真正的法律,它确立了公司的目标和行为能力,创设了公司的组织机构,规范公司的经营活动,并因此确定那些可使公司的交易行为归于无效的各项条件。章程对于一个小公司来说可能并不重要;但对于那些成员及重要性都在日益增加的大型机构来说,它却有着极其重大的意义。

每一个现代国家,尤其是法国,都是由一大批团体所构成的。我们有各种社团、社团联盟、同业公会、同业公会联盟、金融公司、
128 工业公司、矿业公司、保险公司、公共建筑承包机构等等。每一个团体都构成了一个具有自身生存法则的社会组织。因此,现代国家理论不得不使自己与这些实力强大的团体的存在相适应。它必须要确定某种对这些团体进行调和的方法。它也必须确立这些团体与行使公共权力的政府之间的关系。

这是一个最为重大的问题。它肯定不能通过继续维持关于主权和制定法的传统观念来得到解决。那些保守的思想家认为,阻止这些团体的建立和发展是可能的。一直到 1867 年，政府的批准仍然是组建一个有限公司的必要条件（参见 1862 年的英国公司法）。建立同业公会的权利在 1884 年得到了批准。而直到 1901 年，组建社团的普遍性自由才得以确立；那时甚至还建立了一套进行限制的制度。但这种限制制度的建立是徒然的。因为以社团化为方向的运动扫清了它面前的一切障碍。尽管遭到了顽固的个人主义者的诅咒，但一个接一个的团体还是陆续组建了起来。集体主义者回应道，国家将吸收这些团体。他们在同业公会中所看到的只有阶级斗争中的战斗工具，而这种阶级斗争将会导致那些强
大的资本主义社团走向国有化。这是一个比个人主义者所犯下的 129
错误并不逊色的错误。它根植于同样的帝制主义公法观念，以及同样的关于一个无所不能的国家——它对数以百万计的个人行使不受限制的发号施令权——的观念之上。实际上，集团化制度只是帝制主义理论的一种极端形式罢了。

事实却使得这些理论不攻自破。预言可能是一种危险的冒险，但在我们所处的这个时代，团体生活在社会活动每一个领域中所取得的巨大发展显得如此普遍、如此具有自发性和如此具有典型性，以至于有必要承认它无论如何包括了未来社会组织制度中的各个要素。我们的法律已经不再建立于一个统一和不可分割的主权的观念基础之上。它是、而且将来也仍然是一种政府的客观法；但却是那种并不发号施令的政府的法律。它是一个满足公共需求，并确保现代的团体生活能够协调进行的政府的法律。

130 第五节　协定式法律：集体劳动协议

我们接下来要进行讨论的现象，甚至更加彻底地暴露出那种陈旧的法律观念以及帝制思想的倾塌。那些协定式法律（lots-conventions）在本质上是极其简单的；它们是可以被称为“法律”的，具有稳定性的普遍规范，这些规范确立了个人在一段不确定的时间内所处的状态，并确定了在法律强制力保障之下的行为能力。它们不是某一发号施令的单方意志的产物。它们也不是不同意志之间所达成的合意的产物，比如某个社团或某项分散化的公共服务所适用的规则。它们是那些真正构成了一项协议的意志的产物。“契约”这个词经常被用来描述这些规范；但是由于在民法中“契约”一词具有某种技术性的含义，因此还是使用“协议”这个词比较合适一些。协议是在两个或两个以上的团体之间形成的。它创设了这样的一类规则：它不仅适用于那些在协议签订之时隶属于这些团体的人，而同时也适用于那些后来隶属于这些团体的人，以及并不隶属于这些团体的第三人。

协定式法律并不是在法律史中出现的一种新现象。当然，它绝对是与帝制主义观念相对立的。如果法律被定义为主权权力所发布的命令，那么它就不可能同时也作为一项协议；这两个术语是相互排斥的。这也是为什么协定式法律会在这样的一些时期——
131 即主权作为国家治权的观念在某种程度上已经湮没的时期（例如封建时代）——出现于法律史中的原因。我在前文中已经指出过，古罗马的治权观念是如何在尚未完全消亡的前提下逐渐式微的，

以及首先建立在契约式政体制度基础之上的封建制度是如何在个人之间创设一系列相互性的权利与义务的。作为最高宗主的国王要负责确保这些权利的实现和义务的履行，因为通过司法的手段来保障社会安定是国王的职责。任何社会都不会比13世纪的法国社会还要稳固，尽管在当时仍然存在着一些扰乱社会的违法行为；因为任何一个时代——20世纪也不例外——都不可能使自己完全禁绝违法行为。封建时代的无政府状态和野蛮状态正在成为我们已经不再使用的陈词滥调。实际情况是，封建政体制度在本质上既是法律性的，也是契约性的。

今天所出现的一个相当明显的现象是，许多社会关系都由那些并非出自于某种单方意志，而是出自于契约意思的规则来进行规范。于是，因为这种同样的现象是在主权观念几近于完全消亡的封建时代中产生的，因此我们可以声称，协定式法律的重新出现是如此的明显，以至于使得国家的性质变化首先呈现了出来。国家的领土虽然已经足够广阔，但还在日益拓宽；它具有这样的一些
要素　一方面这些要素因为适用于不同的情况而有所区别，而 132
另一方面每个要素都非常清楚地体现了制定法与协议的融合。第一类是集体劳动协议，第二类是公用事业的委托经营。

必须承认，集体劳动协议是一种还处于形成过程中的法律制度。它介入到用人单位与雇工中间，来决定在该企业中应当如何签订私人契约的各项条件。作为一种规则，它是由一次罢工所引起的，并使这次罢工最终得以结束。但是经常性地，关于它的解释问题却很快产生了一些新的困难。学习民法的学生一直试图通过应用古典的授权观念来解释这个问题的办法，以得出一个理论上

的依据，但是他们未能成功。立法审查委员会曾经任命过一个专门的委员会，尽管这个专门委员会的成员具有高水平的能力和知识，但是也被迫放弃了它一直试图颁布的制定法的提案。[①] 众议院也一直不敢冒险发起对两部向其提交的法律提案的讨论。[②]

刚才所提到的专门委员会的失败并不令人吃惊。因为它试图应用私人契约和授权的传统观念，来解释这样的一种行为：它实际上完全不是契约，而是确立一种对那些仍然需要签订的私人契约
133 进行规范的固定规则。而集体劳动协议既不能体现出上述行为的价值，也不能体现它的含义，除非任何特定企业中的雇主和雇工在机构和成员两个方面都被紧密地组织起来，以达成各项与一个几乎可以说是合法组织起来的团体有关的交易。这样，集体协议就将作为某项被组织起来的职业的法律来对劳资双方的关系进行规范。因此，阶级调和就可以通过一系列集体契约的方式来得到实现，也就是通过一系列在各个不同的团体（这些团体中的每个阶级都得到了整合）之间所达成的协议来实现。

虽然很难说这一演进过程什么时候才会完成，但它的渐进式发展却是极其明显的。在这种发展彻底实现以前，议会的干预不会达到什么有益的目的。在任何情况下，议会实施有效干预的条件都是不会带有任何关于契约与授权的个人主义观念的。议会必须在其所采取的行动中，受到这样一种行为法则观念的启发：它建

① *Bulletin de la Société d'éudes Législatiues*，1907，pp. 180，505，特别是 Colson 先生的报告。

② Doumergue 先生的提案，1906 年 6 月 2 日；以及 Briand 先生的提案，1910 年 7 月 11 日。

立在协议的基础之上，并适用于两个社会团体之间的关系。

第六节　协定式法律：公务的特许经营

不过，还存在着另一个领域，在这一领域中协定式法律具有某种非常确定的性质。法院（也许实际上它们并没有意识到）已经经常性地从中得出了一些重要的结论。我指的就是某个公共权力机构将某些事务委托给一个私人承包者来处理。

在公法的术语中，特许（concession）一词常导致令人误会的歧
义。其本义是指一项协议，在这样的一项协议中，公共权力机 134
构——无论它是国家、省、城镇，还是殖民地的公共权力机构——委托一个个体公民负责在某些确定的条件下保障一项公共服务的运营，而这些条件是包括在一份被称为“特许状”的书面文件之中的。私营公司则接受任务。在全世界范围内，这种特许经营具有相同的一般性特征。今天，这样一种特许经营的对象多为交通和照明服务。

上述的这种特许经营是一种确定的协议。它是通过行政机关和负责这项工作的私营公司为了实现相互理解而展开的谈判所达成的。它包含了大量具有契约性质的条款，这些条款导致了一种主观权利状态的产生；即公共权力机构与私营公司之间的关系从这时起便成为了债务人与债权人的关系。这些条款中的某些部分完全是用来调整双方当事人之间的关系的，而另一些条款则包括了那些在公共服务直接由国家进行管理的情况下是不可能在双方之间达成一致同意的内容。例如，我们在几乎所有的这类特许状

中都可以找到的财政条款——即涉及对于资助的批准、利益的保
135 障、私营公司所承诺的降价，或者利润分配等事项的条款。所有这样的条款，以及其他具有相同性质的条款，都是由民法典中的那些与契约相关的规则来进行规范的。因为它们只对订约的当事人有效，故它们事实上是法定的协定。

但在现实生活中，这样的条款却是特许状中最不重要的部分。它们中的大多数都与公用事业进行运营的各项条件有关。例如，如果特许经营的对象是铁路运输或者有轨电车运输，那么协议所确定下来的是这样一些内容：需要对哪些路段进行控制与经营，有多少辆火车（或汽车）将投入使用，雇员与乘客的安全应当得到怎样的保障。而其他的条款则涉及到这样一些事项：公众可以使用向其提供的公共服务的条件，车票的定价、汽油费、用电与照明费。在大多数特许状中，还存在着一些规定公司员工应当工作的钟点数、应当支付给他们的最低工资、雇用条件，以及养老基金的建立等事项的条款。这样的特许状赋予相关的公共服务以某种事实上的法定组织性。在法国，依照1899年的米尔朗法令的规定，在所有的国家契约中必须插入有关最高工作时数和最低工资的条款，而在那些由各个省、社区，以及不同的公共机关所制定的契约中，
136 可以插入上述条款——而实际上它们中的大多数都确实插入了这些条款。

与其说这些条款具有契约的性质，倒不如说它们更具有立法的性质。它们是有关的公共服务的制定法基础。如果该项公共服务是由国家直接来进行管理的，那么上述所有的那些事项既可以由制定法，也可以由行政规章来作出规定。因此，任何人都不会否

认它们具有内在的制定法特征；不过，仅仅是它们被插入到一份特许状中的事实，是不能改变它们的性质的。它们仍然是普遍性的规范，任何个人——无论他是直接、还是间接地与该项服务有着利益关系——都能够对之进行适用。而如果这些条款仅仅具有契约的性质，情况就不会是这样。因为这样的一份契约只在订约的当事人之间才有效。因此，我们不得不把这些条款叫作制定法。但是，由于它们是在一项政府与私人公司之间的协议达成以后才确定下来的，因此它们确实是一种“协定式法律”(lots-conventions)。

因此，制定法显然已经不再被视为国家发布的主权者命令了。它的强制力来自于这样的一个事实：它必须为公共利益服务。它组织进行满足一项公共需求的活动。如果一项公用事业的组织运营与作用的发挥是由国家的单方行为来进行调整的，那么规范该公用事业的制定法仍然具有单方性。但是，如果一项公用事业被委托给私人企业来进行经营，那么它的组织运营与作用的发挥就是由协议来予以确定的，而就该项公用事业的状况作出规定的制定法，就是一种法定协定。不过它仍然是一种具有所有制定法特征的制定法，而其中最重要的特征就是，它是一种赋有法律约束力的普遍性规范。

第七节　协定式法律的强制性

这不仅仅是一种理论。法国行政法院所作出的裁决正在逐渐开始承认上述那种特许状中的条款是一种协定式法律。法院和司法部所使用的术语实际上仍然是不确定和不准确的，因为这些术语有时会暴露出对于契约观念的坚持。不过如何用词是无关紧要的；真正值得重视的事实是，法院的裁决无疑默示承认了上述的那些特许状具有立法的性质，并且，我所描述过的那种演变也由此得到了最高权威的认可。如果上述的那种特许状是一种制定法，并带有附着于制定法之上的法律约束力的话，就会随之推论出每一项对其构成了违反的行政行为都必然是无效的，并且每一个受到
138 该行为影响的个人均可以将其诉至法庭。这正是在那些案件中所实际发生的情况。

我在前面已经援引过1905年的斯托克案，在这个案件中，法国行政法院接受了下面这项申辩意见，即地方行政长官不得允许一家有轨电车公司实施某种越权行为。[1]

但是，有人一定会说，这一裁决所涉及到的真正问题并不是被告的行为已经到了违反授予地方行政长官行使治安权的特许状的程度。[2] 在接下来的一年中，法国行政法院受理了一项由土地所有者及纳税人协会所提起的申诉，原告反对纪龙德(Gironde)省的一位行政长官所作出的一项裁定，这位行政长官在裁定中拒绝强迫一家公司在一条符合其特许经营状的路段上开通运输业务。虽然法院最终作出的裁决仍带有犹豫的痕迹，但它确实开辟出了一条新的道路。[3]

在1907年，法国行政法院依照司法部的泰西埃先生所得出的

---

① 见前文，第二章第四节。

② *Recueil*, 1905, p. 117.

③ *Recueil*, 1906, p. 961; *Sirey*, 1907, iii, p. 33.

结论，认可那些大型铁路公司特许状中的条款具有一种法令的性 139
质。[①] 最终，法国行政法院在 1912 年的马克案中裁定，每一份特许状都具有立法的属性。根据市政委员会投票通过的、并由 1907 年颁布的政令予以批准的特许状之规定，巴黎的照明服务由一项与地方预算相关的规章来进行确立。依照行政法院在 1908 年所作出的一项裁决，塞纳地区的行政长官裁定，为私有街道和邻接这些街道的土地所提供的照明，所适用的条件应当与向公共街道和塞纳河附近的土地所提供的照明有所不同。巴黎土地所有者联合协会的主席就此告上法庭，依据是特许状——作为既适用于个体公民，也同等地适用于行政机关的调整公共服务的法律——已经遭到了违反。行政法院受理了这一诉讼请求，并基本上裁定主管该项公共服务的行政长官违反了特许状。[②] 这无疑只可能意味着特许状是一种制定法；因为只有在一部制定法被违反的情况下，一越权行为才可能作为一个有利的起诉理由。

行政法院实际作出的裁判是有几分令人困惑不解的——其含混程度并不亚于针对这一问题而提出的政府意见。法院仍然使用了契约这样的术语，并且也没有承认特许状确实是一种调整某项 140
公用事业的制定法。如果它是一份契约，那么它就不能解释为什么那些并不作为契约当事人的个体公民也可以从这项公用事业中受益。如果以一项行为违反了一份假定的契约为由，应某个与该契约毫不相关的人的请求来撤销这项行为，岂不是太过荒谬了吗？

---

① *Recueil*, 1907, p. 820.

② *Recueil*, 1912, p. 75; *Revue de Droit Public*, 1912, p. 43.

在这项裁决所附的政府意见中，已经明确地认识到了这一矛盾："在纯粹的理论层面上，城市的管理方所提出的主张无疑是正确的。"也就是说，就越权行为所提出的起诉是不予认可的。热泽先生曾经正确地指出："政府认为这种诉求在纯理论的意义上是很糟糕的，但是我们不能过分责难一种能够为行政法院的工作提供帮助的理论。事实上，行政法院应该像大多数现代学者那样承认这样一种理论：特许状不是一种契约，只有这样，它的裁决在理论上才可能站得住脚。没有任何一种不符合事实的理论可以称得上是好的理论；行政法院已经认识到自己的理论是行不通的；那么，就改变它吧。"[①]热泽先生是非常正确的；理论只能是对我们所掌握的事实的抽象性综合。如果某种理论已经无法容纳它所面对的事实，我们就应该放弃它，并且去寻找一种更加全面和充分的理论。

141

第八节　保障协定式法律之履行的强制力

从另外一个角度来看，铁路和电车公司特许状的非契约性质也是非常明显的。的确，特许状中的某些条款（比如那些涉及财务的条款）可能创造出了一种主观性的法律地位，因此带有契约的性质。但是，其中涉及服务之运营的那一部分条款却不是这样。政府有权单方修改这些条款，而如果它们是契约条款的话，这种情况是不可能发生的。这种解释在其认为这种权力来自于契约，而这种契约是跟国家签订的这一点上也是存在很大缺陷的。这是一种

---

① *Revue de Droit Public*（《公法评论》），1912，p. 46。

危险的诡辩，其结果是为任意性的公共权力提供了一个法律基础。契约会产生一种效果，而且只会产生一种同样的效果。它在公法中的含义与它在私法中的含义是完全一样的。涉及财务的条款是契约性的。行政机构不得单方改变这些条款，即使提供赔偿也不行。

不过，特许状中还有一部分是法定的约款，它们调整着服务的经营情况，它们不可能完全独立于政府行为和行政行为。我们不要忘记，现代公法的基本理念就是：政府的首要职能是满足公众需要并回应国家的经济形势。政府不能放弃这种权力；因此，它必须 142
根据公众利益来调整公共事业的运作方式，即使这种公共事业是由私人来经营的。当它这样去做的时候，它只是在履行自己的义务，哪怕这样会增加公共事业的运作成本。它们的行为也不能被指控为"越权行为"。它并不会导致一种主观性法律状态的产生；它所做的只是修改某种调整特定公共事业之运作的法律制度。

法国行政法院在一般情况下总是承认这种政府权力的。在我们曾经引用过的一个判例（1907 年 12 月 6 日的人铁路公司案）中，行政法院裁定 1901 年 3 月 1 日的政府条例并不是"越权行为"，尽管与 1846 年 12 月 15 日的条例相比，它增加了大铁路公司的经营成本。[①] 行政法院在 1910 年 2 月 4 日的一个案件中也作出了类似的裁决，在该案中，塞纳（Seine）省的省长要求城市铁路的特许经营公司向旅客提供高标准的安全保障，这一标准超过了特 143

① *Recueil*, 1907, p. 913; *Sirey*, 1908, Ⅲ, p. 1.

许状中的要求。[1] 同样，在 1910 年 3 月 11 日的一项裁决中，法院也支持了罗讷河口（Bouches-du-Rhône）省省长增加对马赛（Marseille）市的有轨电车特许经营公司增加收费的决定。[2]

条例或行政命令所能做到的事情，正式的制定法当然也可以做到。这一点在公共工程部部长为一个工程项目所写的备忘录中得到承认，这项 1908 年开始启动的工程涉及到水陆联运，它明显地改变了法国的铁路运输体系。当议会投票通过 1909 年和 1911 年退休保障法的时候，它也默示了自己对上述原则的支持，尽管这两部法律遭到有关公司的强烈抗议。

这里还保留着一个问题，那就是：当政府通过其单方的决定而修改了获得特许的私营公司承揽公共事业的条件，使这种条件变得更加苛刻的时候，私营公司是否有权要求赔偿呢？在我们上面所引用的案例中，法国行政法院给予了肯定的回答；而 1908 年的
144 法律也承认了私营公司的这一权利。行政法院毫不犹豫地支持私营公司根据法律的规定向国家提出赔偿要求。它所根据的理论就是把特许状视为合同。这种理论实际上是自相矛盾的，因为：如果把特许状看成合同的话，那么行政机关即使在给予了赔偿之后，也仍然不能享有单方面修改特许状条款的权力。

实际上，这里所涉及的概念应该是国家责任。一项公共事业的经营是为了社会的普遍利益。如果它的运作导致了对有关各方的特殊损害，那么，国库资金就应该负责修复这种损害。在我们讨

---

① *Recueil*, 1910, p. 97.

② *Recueil*, 1910, p. 216; *Revue de droit public*, 1910, p. 270，特别注意 Blum 先生得出的结论。

论过的案例中，这种解释与事实是完全吻合的。在下文中，我将辟专章来讨论责任的概念。

无论如何，这些规制着公共事业之运行的特许状条款显然可以被看作是一种明确的制定法，虽然它们的产生有赖于政府与私营公司之间的协议。它们是法律性的约定；它们的存在表明帝制主义的国家理论已经过时。

145 # 第五章　行政行为

在政府的公务活动领域，我们也可以观察到类似的、平行的演进过程。帝制主义的理论体系把政府行为视为一种独特的行为，因为它是主权权威的表达。毋庸置疑，政府行为与制定法是有区别的，因为前者其实是一位政府官员个人作出的行为，而后者则是议会按照立法程序而作出的一种行为。不过，这种区别在现实中并不总是那么显而易见。习惯上，人们把行政机构及其公务人员的每一项命令都视为一种行政行为，不论是一项条例、一项个别决
146 定，甚或是一项琐碎的日常行政事务。共和历3年果月[*]16日法律提到“有各种各样的行政行为”。人们对司法行为就没有提出过太多的问题；关于司法职能的适当性质，人们几乎没有进行过仔细的分析。

法院所享有的司法权已经得到了制度化。所有由法院作出的行为都是司法行为，正像所有由行政机构及其公务人员所作出的行为都是行政行为一样。对于这些公务人员（行政官员）而言，不论他们的地位如何千差万别，他们与行政机构之间的关系都使他

* fructidor，果月，是法兰西共和历的第12个月，相当于公历8月18—19日至9月16—17日。——译者注

们具有一种共同的法律属性；他们都分享着某种公共权力的性质。当然，它们只能在制定法所规定的限度之内才能实施干预；但是，它们所做的一切都带有某种主权的性质，因此，它们的行为不受法院司法权力的管辖，后者只能管辖公民个人的行为。我们前面提到的果月法律非常正式地提出了这一原则：“法院不得审查任何形式的行政行为。”

由此可见，帝制主义的行政行为概念是非常简单的。因为行政行为是代表主权的政府官员的行为，所以不受法院的管辖。我们可以很容易想见：这种观念会给普通公民造成什么样的印象；实际上，法国的公民意识中至今仍然保留着一种对政府的迷信式敬畏，尽管主权权力的性质已经发生了很大的改变。实际上，行政机 147
构也仍然保留着它的特殊性；但是，这种特殊性已经不再是来源于一种假想的不受限制的主权。行政行为的性质不是来源于它的起源，而是来源于它的目的。行政行为仍然是一种出于公共的目的而实施的个人行为。

这种变化与制定法所发生的变化具有惊人的相似性。制定法过去被看成是来自于主权意志的一般性命令，而现在它已经被视为一种为了满足公众需求而制定的规则。行政行为过去由于来源于行政机构的公务人员而被披上主权的外衣，而现在它已经开始被视为一种个人行为，它的公权性质仅来自于它所为之服务的目的。

第一节　主权行为与非主权行为

当然，这种变化不是在一天之内就能够完成的。它是人类经过一个多世纪艰苦努力才得来的成果，而引起这种变化的理论资源是值得我们在这里加以详细介绍的。学者们首先是在以主权权力的名义而为的行政行为，与政府公务员单纯执行命令的、与主权权力无关的技术性行政行为之间作出了区分。这种区分首先由拉菲利埃先生于 1887 年在他的《司法管辖权与诉讼》(*Juridiction et*
148 *contentieux*)一书中提出来，这标志着公法发展史上的一个新时代的来临。但是，这一理论本身是不够成熟的，而提出这种理论的动因也完全不是为了解决行政行为的真正性质这一基本问题。

我在本章的一开头就已经指出，只要认为每一种行政行为都是主权权力的一种表现，其必然结论就是：包括法院在内的任何机构都不得对行政行为的合法性进行审查。实际上，共和历 8 年宪法就已经授权法国行政法院“解决行政事务中产生的问题”。通过几位政府首脑所颁布的法令，这种职能逐渐得到组织化的安排。拿破仑设立了一个专门委员会，就行政法院的可行性进行了论证，并且向国民会议提交了报告。这就是法国行政法院行使法院职能的开始。

尽管它享有一定的审判权，但是，从传统的观点上来看，行政法院所行使的只是一种间接的司法权。在准行政问题上，它只能提供建议，而且，它的裁决也往往偏向于政府一方。行政行为的合法性及其结果仍然是政府负责考虑的事情。各省都分别成立了省级行政法院(conseils de préfecture)，它们享有较大范围的司法权，可以对本省范围内的行政行为的合法性进行审查，但是，它们
149 的审判庭总是由行政人员组成，他们的任命和解聘都完全听命于政府的意志。因此，他们的公正性和审判能力都大打折扣。而且，

由于这些省级行政法院的审判活动都由省长主持，而省长又是中央政府的直接代理人，所以他们几乎是形同虚设。

在这种情况下，有两种不同的呼声开始出现。一方面，有些人呼吁取消专门的行政法院，所有的行政案件都交由普通法院处理；另一方面，许多法学家则主张限制行政法院所处理的案件的数量，将其中一部分明显体现政府干预色彩的案件交给行政法院处理，其余的案件则交给普通法院处理。要做到这一点，就必须对不同的行政行为作出区分。

布罗格利公爵(Duc de Broglie)在1828年3月的《法兰西评论》(*Revue français*)上首先表达了第一种呼声。从那时起直到1872年，限制行政法院的管辖权范围成为法国自由主义运动的主旋律。但是，这一趋势最终并没有产生任何结果。1872年，勒费弗尔·彭塔利先生再次以地方分权委员会(la grande commission de décentralisation)的名义撰写了一份长篇报告，呼吁限制各个省级行政法院的权力，并且将它们的部分管辖权移交给普通法院，但是，这一提案在国民议会上并没有获得通过，而各省行政法院也因此得以保留下来。通过1872年5月24日法律，国民议会确认了 150
行政法院的法律地位，并授予它以充分的司法管辖权。它可以作为一个主权机构处理所有与行政有关的案件。

从此以后，行政法院就一直保留下来。实际上，要求限制或废除行政法院的运动注定要失败，其中的主要原因包括：首先，认为行政行为体现着主权意志的观点在当时仍然非常盛行，其必然逻辑结论就是行政命令的有效性只能由行政部门自己来判断。把行政行为提交给普通法院审查就是对权力分立原则的严重破坏。其次,一种公共服务的概念已经开始在人们不自觉的情况下进入他们的意识。他们开始把行政行为与对公共需要的回应紧密结合起来。他们明显地反感由普通法院来干预行政机构提供公共服务的活动。

不过,呼吁限制行政法院权力的运动也产生了明显的结果。1872 年法律在承认行政法院具有完全的司法管辖权的同时还要求行政法院的组成人员必须具备相应的资格(主要指专业知识),而且,他们的独立性和公正性也有一定的制度来加以保障。这实际上增强了行政法院在行政系统内部的自信。

与这种立法上的演进相适应,法律理论也不得不寻求一种道
151 路,以便在维护不可动摇的三权分立原则的前提下界定和限制行政权的范围。同时,法律理论还不得不承担另一项任务,那就是在含混不清的,有时甚至是互相矛盾的裁决中理出一些比较明确的判案原则。

这种理论建构的早期努力可以追溯到梅兰和洛克内。在共和历 12 年,梅兰撰文强烈抗议共和历 3 年果月 16 日法律把所有涉及政府合同的案件都从普通法院转移走的做法。[①] 而在洛克内于 1810 出版的题为《法国的立法与法理》的著作中,[②]他表达了与梅兰相类似的观点。在奥柯、迪克洛克、巴特比和达雷斯特等人的经典著作中,试图区分两类行政行为的努力表现得非常明显,而且,他们都认为只有其中的一种行政行为才有必要交给专门的行政法

① "Questions de droit", V° *Pouvoir judiciaire*, 1829, Ⅵ, p. 306.

② Locré, *Législation et jurisprudence françaises*, p. 166.

院处理。

这种学说在拉菲利埃的《司法管辖权与诉讼》(*Juridiction et contentieux*)一书中达到了高潮。他把行政行为区分为主权行为和非主权行为;并且认为只有前者才在专门的行政法院的管辖权范围之内。这类案件形成了所谓的“自然行政诉讼”(le contentieux administratif par nature)。另一方面,非主权性的行政行为则属于普通法院的管辖范围。只有当有关的制定法明文规定它们应当由行政法院来加以审理的时候,行政法院才能插手这些案件。这类案件构成了所谓的“法定的行政诉讼”(le contentieux administratif par détermination de la loi)。

理解这种观点对于了解现代政治理论的发展方向具有十分重 152
要的意义。对主权性行政行为和非主权性行政行为的区分来自于这样一种愿望,那就是限制行政机构的司法审判权。就这一点而言,它只享有了非常短暂的生命。它曾经宣称自己应当成为全部公法的主导原则,并且具有普遍适用的性质。但是,它试图扩张自己的适用范围的努力很快就使它自身的软弱乏力暴露出来,同时也使行政法的真正特性得以显现。

第二节　这种区分的消失

仅仅区分出两种行政行为是远远不够的;在作出这种区分之后,就有必要界定每一种行为的性质以及将其区分出来所根据的标准。这可不是一项简单的任务。如果只是一般性地给出一种模糊的说法,当然还是容易做到的;但是,如果要想对之作出精确的分析，却是一件无比困难的事情。

拉菲利埃本人满足于仅仅给出一种一般性的说明，他写道：“行政机构分摊到一种具有双重性的任务。一方面，它们要负责管理公共资金，筹集这种资金，并且把它们用于各种不同的目的。在
153 执行这一任务的时候，它们所履行的是所谓的非主权行为（或事务管理性行为，actes de gestion）；另一方面，行政机构还被赋予了一种权威性，这种权威性是主权权力的一种属性。它要负责执行法律、经营公共服务并确保公民享受到司法制度所带来的好处。……从这个意义上讲，行政机构的行为带有权威性，它的这方面的行为是以命令的形式表现出来的，是其主权权力的一种体现。”①

尽管这段话说得非常含糊，但是，拉菲利埃先生的个人威望却使得人们不得不把它作为真理来接受。有一段时期，所有的公法著作都把它作为金科玉律；所有的法律院系都在讲授拉菲利埃所提出的原则。但是，这一命题却缺乏法律原则应该具备的那种明晰性和准确性。而贝泰勒米先生则试图通过自己的作品来弥补这种缺陷。他把主权行为与非主权行为之间的区分设定为不可动摇的教条。他还提出了一种区分这两种行为的实用标准：“非主权行为就是任何人都可以做的管理一项特别资金的行为，因为这种行为中并没有主权的存在。”②再也没有比这个标准更加简洁和准确的了！

有人认为这一原则可以帮助我们解决公法中存在的所有问

① Laferrière, *Juridiction et contentieux*, 2e édit., 1896, p. 6.

② Berthélerny, *Traité élémentaire de droit administratif*, 5e édit. 1908, p. 18 et 43; 7e édit. 1913, p. 139.

题。这一原则被认为已经吸收和包容了自然行政诉讼与法定行政 154
诉讼之间的区分。它不仅主张：除非法律有明文规定，国家只应对非主权行为负责，而不应对主权行为负责；与公共服务有关的任何问题都可以通过行政机构自身的方式来解决。这种理论还宣称：履行主权职能的国家公务员是由国家通过自己的单方行为来任命的；公务员不能组成工会或职业组织；他们不能罢工。而履行非主权职能的公务员的地位则相当于政府的私人代理人。他们同行政机构之间的关系是契约性的。他们可以组成工会或职业同盟，因为他们的职能使我们可以把他们同工人相类比。

在好几年的时间里，这种理论一直在公法领域占据着主流的地位。但是，即使是根据贝泰勒米所给出的精确表达，这种区分仍然是比较含混的。没有任何一种行政职能在任何时候可以被看成

是由私人来履行的。从行政法院的审判实践上来看，它在确定自 155
己的行政司法权的管辖范围时从未考虑过主权行为与非主权行为之间的区分。同样非常清楚的是，当一位公民由于一项公共服务行为（比如警察的行为）而遭受了损失时，就会涉及到国家的责任，如果这种区分是正确的，那么这项公共服务行为就显然是具有主权性质的行为。最终，并且也是最重要的是，公共服务中的工团主义运动已经明确地体现出这样一个事实，即从这种假设的区分中所得出的结论都是不现实的。因为对于所有的公共服务部门而言，这样必然会涉及到对组建一个社团的权利的认可——这就包含了对“全国总工会”（*Confédération générale du travail*）的默认，以及对它们可以举行罢工的准许。但这却是与公共服务及公共职责的观念完全冲突的。

这些事实是不言自明的。惟独贝泰勒米先生却始终忠实地坚持这样一种不可能维持下去的区分。在 *Feutry* 一案中，作为政府法律顾问的泰西耶先生提出了一种非常具有说服力的主张，他总结性地论证了这种区分的不现实性。他说："这种区分没有任何法律依据，并且也决不符合争议中的事实。实际情况是，任何为确保
156 公共服务的运营而实施的国家行为，都与制定法及行政规章的适用有关……因此我们可以这么说，无论是国家，还是其行政官员，都从来没有在与个体公民所处的状态相同的状态下实施任何行政行为。"这段话巧妙地指出了关键的要点。行政干预必然是始终与私人行为相区别的，因为它所预期的目标是不同的。它的目的完全是为了回应公共需求。

第三节　行政行为的属性

但是，这也并不是说政府总是以同样的方式来进行干预。它的行为随着实际情况的不同而呈现出多样性，虽然这些行为所涉及到的原则一直是不变的。这一点已经通过它自身行为的结果而得到了证明。

在有的情况下，行政行为会产生一种主观法律状态，即政府或者个体公民承担着某种确定的义务。因此，就会存在某种出自一位管理公共服务的行政官员的意志表达，这种意志表达以提供公共服务为目的，而创设了一种主观法律状态。这种状态是一项法律行为的一般要素所构成的总和。我们首先看到的是一种意志的表达：这种表达必须符合客观法，并且，从我们可以始终将客观法

等同于立法的那一天起，就可以说行政官员意志的宣布必须以制定法为基础。某些行为就其性质来说，已经超出了行政官员的权 157
限。另一方面，行政官员是被法律限制在一个确定的领域之中，并且是为了实现这一领域中的某些确定目标的。这一领域就叫作他的权限。任何超出其权限的行为都构成了“越权行为”(excès de pouvoir)。

任何法律行为(特别是那些带有法律性的行政行为)的第二个要素，就是它所预期实现的目标。这一要素越来越具有决定性的重要意义。一项行政行为如果要获得合法性，关键在于这项行为应当具有某个与这个国家的客观法相符合的、具有社会价值的目标。如果不考虑那些形而上学的认识，那么任何出自某种意志的行为都具有某个隐藏于其后的动机，而任何行政行为的价值都是它所预期的目标，并且这一目标只能与公共服务相关。除此之外，任何其他的动机都会涉及到权力的滥用；如果动机是好的，但却超出了行政机关的权限，那么这种情况就称作误用职权。

滥用职权与误用职权是两种与重要性正在日益增强的法律目的观念直接相联系的法律理论。[①] 在私法领域中也发生了极其类 158
似的变化。[②] 民法学家长期以来只考虑到某项出自意志的行为所产生的后果。毫无疑问，在《拿破仑法典》中(第 1131 条至 1133 条)意志确实是被置于“动机”这一名称之下的；但那些最高的学术权威却赞同这样一个观点，即动机实际上对于义务的产生是不起

① 参见戴雪在《英宪精义》(第八版)一书中所作的评论，第 394 页以下。

② 参见 Duguit，*Les Transformation Cénérales du Droit Privé*(1912)，第 52 页以下。

任何作用的。于是我们就对那些赋予目的这一要素，以及它的社会价值以头等重要性的案件（这足以令那些古典学说的权威感到极度震惊）有了一种整体性的认识。

根本的问题并不是那些实施行为的行政人员的特征，也不是他所造成的结果，而是决定其行为的目的。如果一项行政行为产生了某些特殊的影响，那么这并不是因为它出自于某种带有特殊权力的特殊意志。事实上，它出自于某种并不比任何其他意志更为强大的意志；不过，它所预期的目标却使它的价值得到了提升。

这一目标必须是带有公共性的。如果在公法中，一个法律结果经常是由某种类似的、出自于单方意志的行为所造成的，那么这只是因为行政人员——他完全作为一个像其他任何人一样的个人，并且他自身不具有任何特殊的优越性——所宣布出来的目的，是由他所预期的目标——即公共服务——来决定的。一项单方作

159 出的行政行为之所以一直被称为“具有主权性质的行为”，是因为依照目前的帝制主义和个人主义学说，下面的结论是不可想象的：法律地位可以不通过契约来创设，甚至也不需要由一个高于一切的主权者以强力通行其意志的方式来创设。

如果说许多行政行为都是单方作出的，那么也有许多是契约性的。一旦某个行政官员与某个个体公民达成了合意，契约的公布就成为了行政行为的依据。敏锐的研究从来不曾发现一个可据以判断行政机构在什么情况下可以采取单方行为，而在什么情况下应当通过契约的形式来实施行为的标准。对每一种状况都需要进行个别的分析，而我们唯一能够作出断言的是，公法和私法在今天的发展趋势就是契约适用范围的缩小以及单方行为对它的取

代。这一趋势一方面与我所称之为“法律社会化”的运动相联系，另一方面又同法律目的的重要性日益提高相联系。而这两种潮流从本质上讲都是彼此相关的。

因为某个行政官员的行为是从其所欲实现的公共目标中获得强制力和价值的，因此我们可以提出这样的一个问题：为什么有必要询问行政机构所作出的裁定在什么情况下是单方性的，在什么情况下又是契约性的？因为行政行为的性质来自于其所欲实现的 160
目标。这一点本身就说明了行政机构是如何开始从属于法律的；这也表明了国家理论正在以什么样的方式发生演变。这也就是为什么公法与私法之间的界限（可能会）越来越成为现代法律的基本面貌的原因。当然了，这条界限之所以会以不同的面貌呈现出来，是因为产生这条界限的行为是不同的。但是任何行政行为都具有一个共同的特征：每一起行政案件都会产生的问题，就是探知该项行为是否具有一项预期的公共需求，以及是否符合为了使满足这一需求的公共服务得以正常运营所需遵行的组织法。

这就对那种传统理论——即行政机关不能受到其单方行为的约束——的消亡作出了解释。这种理论完全是从那种假定的主权——它是辨别行政机关的单方行为的依据——中演绎出来的。但是，一旦人们发现一项行政行为具有法律行为的性质，并且还创设了一种法律状态，那么显然，无论它是单方性的还是契约性的，它都超越了行政机关的权限，因此对这项行为必须加以禁止，或者是对之作出变更。如果行政机关撤销或者变更了一项行为，那完全是因为这项行为没有创设任何义务；或者至少是创设了一种允许撤销的义务。

在这里，如果有此必要的话，我们可以再一次推断出主权的消
161 亡。法国行政法院曾经几次应用过这一学说，并且它所作出的裁决一直没有遭到过批评。热泽先生曾经对行政法院在1910年至1911年期间对三个案件所作出的裁决进行过这样的概括："如果某项法律行为是依照法律来完成的，那么它就不能在被视为从未发生、也没有造成任何结果的意义上被撤销。我们唯一能够做的，就是实施另外的法律行为，而这些行为旨在为第一项行为所创设出来的法律状态设置一个目的……这也并非总是具有可行性的。可能会发生这样一种情形，即它试图取消的法律行为已经创设出了一种如此特殊的状态，以至于它不会容许对其进行变更；在这样的情况下，任何后来采取的行为都是徒劳的。"①

第四节　国家及其契约

那种基于目的观念之上的行政行为的特征，以及主权观念的消亡，共同解释了为什么对关于国家与其公民所签订之契约的强制性特征的问题已经不再需要讨论的原因。要理解帝制主义制度所面临的困难是非常容易的。有人可能会说，如果国家被定义为
162 一个拥有主权的人格，那么它就会在它所实施的一切行为中保留这一特征，而无论这些行为是契约性的还是单方性的。这样所产生的结果就是，国家不能受到契约的约束，因为如果它受到了这样

① *Revue de Droit Public*(1911)，p. 61，同时参阅1910年11月18日和1911年1月13日、20日的三个判例。

的约束，那么它的人格就必然不再是至高无上的了；于是它也将不再成其为主权者——因为主权的性质就是不从属于任何意志。

在帝制主义制度中，一套精致的理论等级体系已经被建构起来，以论证那种关于国家契约具有某种强制性特征的主张具有正当性。当然，个人主义只需通过声称主权永远受到天赋人权的限制，就可以对这一问题作出极其充分的解释。因此，当国家试图侵占为个人权利所保留的领域时，它只能通过订立契约的方式来进行。

在德国，关于国家作为某个财政上的人格主体的理论——这一理论在法国得到了迪克洛克先生强有力的捍卫——一度非常流行。这种理论主张，国家具有双重人格，一个是主权性的，而另一个是财政性的，而第二个人格是通过第一个人格所实施的主权行为所创设出来的。在这一观念中，惟独作为财政人格的国家才可以成为契约的一方当事人；因为这一人格是非主权性的，所以它具有某个个体公民的性质。[①] 这种关于国家双重人格的理论一直遭到了法国和德国法学家，尤其是耶利内克和米肖的尖锐批判。[②] 163
米肖曾经赋予这种关于国家人格的学说以双重的含义。在有的情况下国家以主权者的身份出现，这样它就可以发号施令；而在有的情况下它又以个体人格的身份出现，这样它就可以签订契约。

这种理论与那种由耶林先生所开创、并由耶利内克先生进行

① Hatschek, *Die rehtliche Stellung des Fiscus* (1899); Ducrocq, *Droit administratif* (7th ed.), Ⅳ, p. 11 及以下。

② Jellinek, *System der Offentliche Subjektiven Rechte* (1905), p. 209; Michoud, *De la Personnalite Morale*, Ⅰ, 262.

发展的具有原创性的国家“自我限制”学说相伴随。[①] 主权意志的特征就是完全的自主。一旦国家签订了一项契约，就表示它通过某项出自其自身意志的行为来同意对它自己施以限制。但是这样的一种意志——虽然它已经作出了上述的自我限制——由于具有完全的自主性，故仍然处于至高无上的地位，即使是在它从属于契约的情况下。

对于这些学说的评述只是为了显示其无用。没有人敢于否认国家是受到契约的约束的，而这种观点上的一致就是对主权观念正处于消亡过程中的证明。

任何国家机构，甚至是立法机关，均不得推翻它自己所订立的契约。一项使国家的契约义务得以据之解除或者变更的行为都将是“越权行为”；并且，法院将在该项行为仿佛从来不曾实施的意义
164 上，来对国家进行谴责。公法中那种陈旧的契约观念——根据这一观念，国家可获准免予履行自己所承担的义务——已经到了寿终正寝的时候了。一份契约就是一项无论在公法还是在私法中都具有同样性质的法律行为；或者毋宁说在公法与私法之间不存在区别，而国家就完全如那些受到契约约束的个人一样，受到其自己订立的契约的约束。我已经注意到，虽然对国家进行了谴责，但即使是在立法机关试图从自己所承担的义务中摆脱出来的情况下，法院也从未就从议会的行为中所产生的责任的问题进行过考量。他们所做的只是对一份契约，以及某项议会所不能解除的义务的范围进行审查。

① Jellinek, *Allgemeine Staatslehre*, (2ed. ed), 1905, p. 357.

法国行政法院在 1896 年和 1904 年曾经就上述问题作出过两个具有代表意义的裁决。根据在法国政府与某些萨瓦地区的教会基金会之间所订立的一份契约，后者将某些租费移交给法国政府，而与此相对应，法国政府应当以养老金的形式向他们支付等额的欠款。法国议会于 1883 年拒绝批准一笔为偿付国家债务而必须划拨的款项。财政部长因此无法对财政支出进行批准。法国行政法院在其于 1896 年首次作出的裁决中，撤销了部长令，并责令财政部长清偿他的债务——也就是说，在议会作出了相反决议的情况下，法国政府被责令支付其合法的契约债务。[1] 在 1899 年 12 165
月的那场争论中，当时担任财政部长的卡约先生曾经请求对拨款进行表决，以使这项裁决得到遵守。他明确地肯定，国家所订立的契约即使在议会作出了任何相反决议的情况下，也会产生某项义务。这一裁决于 1904 年在类似的情形下得到了维持。[2] 1909 年 12 月 3 日，米尔朗先生（当时的公共工程部部长）在议会中针对若雷斯先生的一份提案——这份提案的内容是批准一项将会使国家从对“西部铁路公司”所负的某些义务中解脱出来的法案——所发表的反驳意见，在今天当然已经是广为人知的了。

第五节　行政机构的日常事务

到目前为止，我们所讨论的行政行为（无论是行政机构的单方

① *Recueil*, 1896, p. 660.

② *Recueil*, 1904, p. 533.

行为还是契约性行为)都带有明显的法律属性。其实,行政行为一词在很大程度上还意味着各种只具有单纯的事务管理性质的行为。它们并不具有法律上的属性,因此我们把它们称为日常性的行政行为。这一术语适用于政府官员的无数确保公共服务之运作的行为,特别是涉及那些我们通常所说的产业服务(les services
166 industriels)的行为,这些服务包括市政工程、交通、邮政、电报、电话、日常警务和日常军事事务等等。这类行为的数量和复杂性随着国家与社会的复杂性的增长而不断增长。它们不是法律行为,因为它们的履行不是为了给自身创造出一种法律上地位;但是,因为它们具有一种公共性的目的,所以仍然受到法律的约束。这些行为经常都是作为一种法律性的行政行为的前奏而存在的;它们为后者的有效性准备好了形式要件,因此,它们是后者的组成部分。还有些时候,这些行为是对一项法律性行政行为的执行,并且因此而与后者有着直接的关联。即使在它们既不是一种法律性行政行为的前奏,也不是对这种行为的完成的情况下,它们也仍然不能说是与法律无关的,因为它们可能涉及到行政机构或公共服务部门对公民的责任。

这种看似枯燥的分析其实是非常有必要的。它向我们表明:尽管行政行为由于是在不同的条件下产生的而具有各种不同的性质,但它们都具有两个共同的特征,其中一个是否定性的,另一个是肯定性的。没有任何一种行政行为是来自于主权意志的。任何
167 一项行政行为都是由一位以确保某项公共服务的运营为目的的行政官员来实施的,并且该项行政行为的实施也必须与法定的要求相符合。

从这个方面来看，公法的每一个因素都在整个制度中有着与自身相联系的位置。一部制定法就是一种创设、组织和运营某项公共服务的普遍规则。一项行政行为则是对于该项公共服务的运营所必需的个别和具体的行为，并必须依照制定法来实施。因比，每一项行政程序都会产生这样一个问题，即它是否与涉及相关公共服务的法律相一致。

第六节　行政机构与法院的关系

如果情况的确如此，那么，从行政法的角度来看，结果是非常清楚的。行政案件涉及到与政府运作有关的任何问题。每一个这种类型的案件都属于行政法院的管辖范围，而其中涉及的行为的性质则是次要的问题。

行政法的发展走向似乎已经完全背离了19世纪的法学家所想象的，以及拉菲利埃在1887年和1896年所预言的方向。在帝制主义的理论体系中，任何行政行为中都体现着主权；因此，共和 168
历3年果月法律剥夺了所有法院对行政行为的司法制约权。于是就产生了区分主权行为和非主权行为的必要。这种区分显然是不可能的；而这样一个共同特点反倒变得越来越明显：所有的行政行为都有一个共同的目的，那就是公共服务。于是，从行政诉讼的角度来看，又产生了这样一种必要性，那就是对所有的行政行为一视同仁，使之一概不受普通司法法院管辖。这样，我们又从不同的出发点得出了与共和历3年果月法律相同的结论。不过，在这个时候，一种行政系统内部的审判职能已经逐步确立起来，其理由是所

有的行政行为都体现着主权。虽然我们今天已经把这个理由换成所有的行政行为都以公共服务为目的,但其结果都是支持这样一种行政审判权的设立。

在这里,我们不得不补充一点:有两个因素加速了这一演进过程的进度:一方面是普通法院在审理行政案件方面的无知和惰性;另一方面是行政法院对行政事务的熟悉以及它们得到制度保障的公正性。许多普通法院仍然停留在罗马法和中世纪学院法学的知识基础之上。当然,有一些法院所作出的判例已经创造出了一种与新的公法理念相平行的新的民法概念,但是,这种情况并不应当归功于普通法的制度化努力,而是得益于个别伟大法官的听审以及对法院产生强大影响的客观情势。不容置疑的是,行政机关不

169 但在普通法国老百姓的心目中引起了一种迷信式的恐惧,这种恐惧甚至还影响到了最高的审判机构;而且许多这样的审判机构都倾向于把行政行为看成一种神圣的事务。因此,个体公民不应当在他们的案件与某个行政问题直接相关,或者甚至是只有一点微弱关联的情况下对普通法院抱有太大的信赖,就不会令人吃惊了。显而易见的是,这些个体公民的希望将在法国行政法院的身上建立起来,因为这个法院在任何情况下都能够找到保护个人免受行政权专断性的戕害的各种手段,而这些手段甚至比最高法院所使用的还要多。

因此,关于管辖权的每一个问题都归结为这样一个问题:在一项行为与政府事务有关的情况下,该项行为是否涉及到行政机构?如果涉及到了,那么管辖权就归属于行政法院,如果没有涉及到,那么就应当由普通法院来行使管辖权。

也许在这里值得援引某些标识出了这一演变过程中的主要阶段的案例。法国行政法院曾经在1903年审查过一个案件，这个案件由索恩-卢瓦尔省的议会所举行的一次会议——毫无疑问这是一项单方行为，但却不具有任何主权的性质——引发。该议会曾经承诺对捕杀蝮蛇的行为施以一笔奖赏。[①] 有一个猎户所捕到的蝮蛇的数目已经多至用尽、甚至超过了出于这一目的而分派到这个省的全部捕蛇指标。地方行政长官因此拒绝向他支付他所应得的奖金，于是这位猎户一纸诉状将该省告到了法国行政法院。法国行政法院以该省议会组织了一项实际上是某种公用事业的活动——政府的诉讼代表将之同其他省的捕狼活动相比——而受理了这项申诉。因此，政府方面的诉讼代表已经参与进了涉及一项 170
公共服务之运营的案件。而作为这一诉讼的结果，法国行政法院获得了就这类争议事项进行审理的资格。

法国行政法院一直承认对那些从国家契约中产生的案件具有行政案件的管辖权。但是，过去一直存在着这么一种说法，即在案件涉及到地方行政机构的情况下，管辖权应归于普通法院。而在今天，法国行政法院对涉及到一份公共契约的任何案件——无论是地方性的，还是全国性的——都可主张行使管辖权。这一原则是在1910年的 *Theroud* 案中得到明确确立的，在该案中，蒙比利埃(Montpellier)镇制定了一份关于清除动物尸体的协议。[②] 法院确认，由于这份协议所预期实现的目标是保障居民的公共卫生，因此

① *Recueil*, 1903, p. 94；《西雷》(*Sirey*)法学杂志，1903年，第3期，第25页。

② *Recueil*, 1910, p. 193；《西雷》(*Sirey*)法学杂志，1911年，第3期，第17页；*Revue de Droit Public*, 1910, p. 353。

它是一项一般性的政府行为，但由于缺乏一份将此案移交给任何其他法院的精确的文书，最后由法国行政法院行使了对该案的管辖权。

一旦涉及到单纯的具体行政行为的管辖地，就总是会引发关171于责任的疑问。与在我们刚才所讨论的案件中所发生的演变相比，这方面的演变甚至还更为典型一些。第一个权限裁定法院是依照1848年宪法的规定而设立的，它曾作出了下面这一裁决：行政法院单独享有对那些可能由政府行为所造成的损害进行处置的管辖权。它援引了1791年7月17日和1793年9月26日颁布的法案，这些法案规定政府的单方行为可以使国家成为债务人。实际上，这些法案与管辖地问题毫无关系；它们的目的就是使国家的债务在无需借助法律的情况下得到清偿。而权限裁定法院并未承认作出上述裁决的真实动机。一个开端就这样产生了，但也并非没有犹豫和踌躇——即承认国家应当对那些因为履行其职责而实施的行为负责，即使人们可能会怀有这么一种模糊的感觉：这种责任违反了至今尚未受到质疑的主权学说。行政法院之所以作出了这样的裁定，乃是出于它一直希望对行政机构行使排他性管辖权的原因。但是在第二帝国时期，最高法院曾几次认可了普通法院在这类事项方面的管辖权限。

于是争议开始提交到了权限裁定法院，而它却是刚刚依照1892年5月24日颁布的法律设立的。向国家主张损害赔偿的诉讼请求，是作为在波尔多(Bordeaux)一家制烟厂中发生于一个小孩身上的一次意外事故的结果而提起的。在一份经过争论而最后公布出来的裁决中(当时在任的司法部长是迪福尔先生)，权限裁

定法院裁定该案具有行政案件的性质。[①] 但是这项裁决已经不再 172
援引 1790 年和 1793 年所颁布的那些法律了，而是模糊地诉诸一般性的分权原则。这项裁决宣布“国家对由行政官员给个人造成的损失所承担的责任，不是由刑法典中的各项原则来进行规范的，因为这种责任既不是普遍的，也不是绝对的，而可以由这样的特别规则——它们随着政府的需求，以及调和国家权力与个人权利的必要性而变化——来加以规范”。

尽管上述动机可能是模糊的和非科学的，但它们也是具有重大意义的，因为它们预示了某种演变的发生。行政法院真切地体会到了一种自身不断增强的感觉，即国家必须为其自身的行为承担责任，即使它的责任与公民在其所涉及的私法关系中应当承担的责任有所区别。当然，行政法院尚未说明就过错所承担的主观责任和就风险所承担的客观责任之间到底有何区别。对这一具有双重意义的概念所下的定义是后来才给出的。行政法院在 1873 年就意识到了这一点，即国家责任不可能是一种过错责任，而普通法院之所以不享有这类案件的管辖权，只是因为它们所处理的正
是过错责任。因此，当争议中的问题关系到一项并不带有主权性 173
质的公共服务时，管辖权就应当归行政法院行使。该项裁决确立了行政案件管辖权的基本原则。它倾向于使行政法院只保留对那些关乎公共服务之履行的案件的管辖权，而无论这些案件所涉及到的行为的性质如何，或者涉及哪个政府部门的利益。

① Tribunal des conflits(Blanco)，1er février 1873，《西雷》(*Sirey*)法学杂志，1873 年，第 2 期，第 153 页，同时请注意政府专员 David 先生的结论。

于是,布朗科案就成了整个演变过程的出发点。普通法院受理了这一案件,并且拒绝审理那些涉及到国家责任的案件,除非某些确定的制定法赋予了它们管辖权。偶然开始的进程最后却实现了逻辑性的结束。法国行政法院受理了那些要求社区、行政部门、公共事务管理机构承担从其所提供的公共服务中所产生的责任的诉讼,诉讼程序从第一次听审开始,一直延续到作出最终裁决。不过在这一过程中经常会出现停滞不前的状况;甚至在 1906 年,权限裁定法院仍然裁决,适用于国家责任的规则是与那些适用于社区的规则有所不同的。不过在逻辑上却是成功的。公共服务的观念已经成为了公法的重要基础。无论行政机构对它们采取什么样的管理方式,每一项公共服务都具有一个相同的本质特征,因此没有理由在对它们所行使的管辖权中作出任何区分。

这也解释了为什么权限裁定法院会在 1908 年 2 月 29 日承认
174 它可以受理一项针对省所提出的申诉。*Feutry* 案——该案的裁决是根据担任政府法律顾问的泰西埃先生所得出的著名论断而作出的——完成了这场从布朗科案开始的演变。[①] 其中有一项诉讼是针对瓦兹(Oise)省所提起的,起诉依据是被告应对某个从克莱蒙(Clermont)的省精神病院里逃出来的疯子所实施的纵火行为承担责任。权限裁定法院在经过争论之后,作出了以下支持行政法院管辖权的裁决(当时正值布里昂先生担任司法部长):“鉴于诉讼请求所抨击的对象是某项由公共支出所维持的公共服务的组织进

---

① Tribunal des conflits,29 févier 1908,*Recueil*, 1908, p. 208;《西雷》(*Sirey*)法学杂志,1908 年,第 3 期,第 98 页;*Revue de Droit Public*,1908,p. 266。

行与功能发挥，因此对这项公共服务所涉及到的过错行为的审查，不能由普通法院来进行。”

对于由行政法院来确定一起案件具有行政案件的性质而言，存在着一个简单然而充分的理由，即这起案件与某项公共服务的履行有关。在公共权力机构是地方的、而不是中央的机构时，也必须给出同样的答案；并且这也正是自1908年以来各类法院所作出的大量裁决所带来的影响。[①]

第七节　同其他国家比较 175

从上面的论述中我们可以看出，行政管理事务就是依照法律来进行的对国家事务进行管理的活动。正像主权已经在立法领域中消失一样，它也将从行政领域中消失。国家的行政事务是在由行政法官(magistrats administratifs)组成的行政法院的制约下来进行的。考虑到政府运作的必要条件，它们提供了必要的独立性和公正性方面的保障。它们协调着国家的利益与公民个人的利益。通过这种方式，所有的行政事务都变成了一种法律事务，并且受到法院的制约。正是通过这样一种机制，现代国家才能变成德国人所称的“法治国”(*Rechtstaat*)。

这种演变在法国已经是一种正在发生的事实，但它并不局限在法国。类似的运动也发生在德国和奥地利，我们可能有必要勾

① 同时请参见 *Fonscolombe* 案，1908；*Recueil*，1908，p. 449；《西雷》(*Sirey*)法学杂志，1911年，第2期，第281页；*Revue Générale d'Administration*，1910，Ⅲ，p. 194。

勒出这种发展趋势的总体性特征。

在德国，梅耶教授已经把这种发展趋势的特征清晰地概括了出来："最后的结果，"他写道，"就是将行政司法与严格意义上的管
176 辖权——即法律在其自身的意义上所作出的宣告——视为同一。""我们的起点，"他又写道，"就是法国法中的那些就越权行为提起申诉的案件。这一起点也已经对德国法的发展产生了某些影响，虽然这令人难以理解。如同那些向法国行政法院所提起的申诉一样，它起源于"旧制度"（ancien régime）。它的价值已经被长期的历史所证实，并且它也发展到了一个高度完善的阶段……作为对这类申诉的替代，德国法中规定了可以请求宣告违反法律的行为无效的制度。"这样，梅耶说明了德国的法理学尚未到达可以否定行政权威的地步——就像我们将在下一章中进行说明的那样，这是一种在法国法中占据着重要地位的学说。[①]

而与法德两国的法理学不同的美国和英国的法理学则呈现出另一种演变的景象。不过这两个国家也卷入了现代法律发展的普遍性潮流当中。他们想对一切行政活动或公共服务行为施加一种司法控制。这种演进正处在开端，但法国的影响却清晰可见。到目前为止，在英美两国，对行政行为的司法控制是十分有限的；这与人们通常所说的情况恰好相反。在法国，曾有人主张采行英美将行政诉讼统归普通司法法院管辖的做法，这是极其错误的。事
177 实上，英国和美国那些所谓针对行政人员所提起的诉讼完全是针

① Otto Mayer, *Le Droit adminisratif allemand*, édit. française, 1903, I, pp. 210—247.

对个别的行政人员所提起的，并且，正如奥里乌所正确观察到的那样，“缺陷在于没有应用法国行政法中的两种重要手段：一种手段是撤销行政行为，而另一种手段是向一个团体性的行政人格主体提出赔偿损失的要求。”[①]今天，在普通法中已经开始应用这两种手段。一系列特别裁判所正在被组建起来，或者毋宁说是普通法院正在被赋予特别的权力，以处理那些涉及到政府应承担的责任，或者涉及到引起争议的行政行为之合法性的行政案件。

在英国，如果中央政府所发布的规章超越了据以发布这些规章的委托立法权的限度，那么法院始终都可以以“越权行为”为由，宣告它们为无效。对于地方性规章而言，情况也是一样的。新近的立法在有些情况下已经授予行政机构一种就特定目的所行使的管辖权。门户既开，其演进定然十分迅速。[②] 178

在美国，行政法的发展走得更快。一部于1855年颁布的制定法创设了一个专门法院，来审查所有针对中央政府所提起的、无论是基于法律还是基于契约的诉讼请求。最初，该法院所作出的裁决并不具有法律的约束力。它们仅仅是国会必须加以批准的那些法案的基础。后来，行政法院成为了一个真正的法院，它所作出的裁决开始对财政部长产生约束力，而对其裁决所提起的上诉由最高法院受理。

复杂的令状制度使得美国的法院有权撤销行政决定，但它们不享有对那些已经在令状中由行政机构加以确定的事实问题或及

---

① *Droit administratif* (1911), p. 935, note. 1.

② Dicey, *Introduction à l'étude du droit consthutionnel*, édition française, 1902, p. 454; Jenks, *Le régime de droit dans le droit administratif anglais*，以及 *Actes du Congrés administratives de Bruxelles*. 1910.

时性问题进行审查的权力。“无论法院所控制的行政官员的职位或个性如何，下面这条原则都是始终适用的。无论他的职位是多么的低下，一旦他拥有进行自由裁量的权力，他就会通过行使这种权力来使自己避免受到一切控制。无论他的权力有多大，他都必须依照法律的规定来行为。”①

在几种情形之下，特别的制定法明确地授予法院对行政裁量权进行控制的权力。某些制定法把在按季开审法庭或者地方法院
179 中就行政官员所作决定提出异议的手段确定地组织了起来。例如，在纽约，任何利害关系人都可以在地方法院就负责社会福利的官员所作出的、与某个贫民收容所相关的决定提出异议。

法律所提供的保护个人免受国家侵害的手段就这样慢慢地被组织起来了。至今，无论是在美国还是在英国，它都还是一个尚未完成的演变过程。对于权力的审查制度仍然没有达到完备的程度。自由裁量的观念在行政行为中仍然十分盛行。我将在下一章中说明法国法是如何从这一观念中摆脱出来的。但是，法院对行政行为的控制权归那些无论从其产生，还是从其性质来讲都对行政事务比较生疏的普通审判庭来行使已经成为了一条规则，这一事实使个体公民丧失了某种法国制度方可提供的保障。美国的法院在审理涉及到行政权力的案件时，显得非常地谨小慎微。“出于政治方面的原因，”古德诺教授写道，“法院只作出了一般性的解释，即它们不会行使自己的管辖权——如果这样做必然会使它们

① Goodnow, *Les Principes du Droit administratif des État-Unis*(《美国行政法原理》，法文版），1907，p. 487.

与行政首长发生直接冲突的话。”①在涉及到总统的情况下无疑是这样处理的；并且在涉及到各个州的州长时，情况也是这样。

法国行政法这一具有进步意义的演变，在1910年于布鲁塞尔召开的国际行政学会议上得到了积极的肯定。在这次会议上可以 180
明显地看到，任何的现代公法都没有如法国公法那样向个体公民提供了如此完善的保护。法国在私法领域中也像在公法领域里一样走在了变革的前列。在私法领域，法国取得这种成就的原因在于《法国民法典》虽为一百多年前诞生的老古董，但法国的私法学家和从事私法领域审判工作的法庭能够从一种过于狭隘的解释中解放出来。而在公法领域中，原因则是两方面的。首先，法国没有任何一部具有公法性质的法典。其次，法国行政法院——它在产生和程序方面都可以说是一个行政性质的法院，但却是独立和公正的——就如同一个普通的法院一样。这两个因素融合起来，便创设了一个为个体公民提供充分保护的法律机构。

① Goodnow，见前引书，第489页。

181 第六章　行政诉讼

不过，行政法的复杂性在我们的前面几章中还没有能够得到完全的展现。行政法所遵循的指导原则以及它所经历的变化都值得专门的探讨，因为对这些问题的理解有助于我们研究公法的变迁。

第一节　“越权行为之诉”的形成

主权国家理论与私法领域内的个人主义原则是一致的。这种
182 理论将国家视为主权的所有者，这种所有权不仅在法律中得到明确的表述，而且在行政行为中得到表达。私法将个人视为某些权利的主体，这些权利可以综合为两个大类：自由权和财产权。这也就是说，国家是主观主权权力的主体，而个人是自由权和财产权这两种主观权利的主体。国家不能干涉个人所享有的这些权利，或者至少它应当把这种干涉限制在一个确定的限度之内，并且为这种干涉设定明确的条件。在这样一种制度框架之中，每一个行政案件其实都提出了这样一个问题：国家的活动是否侵犯了个人的主观权利，是否超越了法律的限度。因此，每一个行政案件都提出了一个关于主体权利的问题。

因此,行政法是绝对主观性的。对于政府而言,行政法提出了主权的限度问题。对于公民个人而言,问题在于自由权和财产权是否受到了侵犯。也就是说,每一个行政案件都涉及到对国家或个人的主观权利的认可,因此必然会导致对某一方的谴责。这就是迪克洛克提出自然行政法概念时所说的那段话的含义所在:“行政案件必然由技术意义上的行政行为而引发,而且,基于这种行政
行为而提出的权利主张必须基于某种权利受到侵犯、而不是某种 183
利益受到侵犯的事实。”①

在其多年以来对各种行政案件所作出的看似千差万别的裁决之中,其实可以区分出两种基本的类型,如果看不到这一点,就根本无法理解它的裁决。在有些案件中,行政法院宣布行政行为无效,或者拒绝宣布行政行为无效。在另一些案件中,宣布行政行为无效的裁决之中还伴随有对公民个人或政府的处罚。如果存在这样两类不同的裁决类型,就说明肯定存在着两类不同的案件。

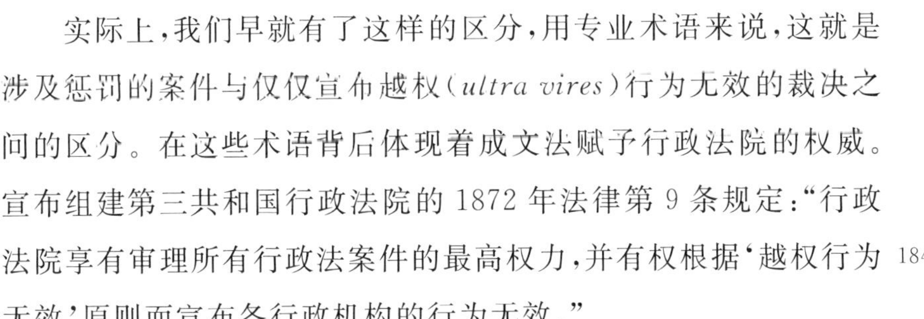

实际上,我们早就有了这样的区分,用专业术语来说,这就是涉及惩罚的案件与仅仅宣布越权(*ultra vires*)行为无效的裁决之间的区分。在这些术语背后体现着成文法赋予行政法院的权威。宣布组建第三共和国行政法院的1872年法律第9条规定:“行政
法院享有审理所有行政法案件的最高权力,并有权根据‘越权行为 184
无效’原则而宣布各行政机构的行为无效。”

由于1864年11月2日法令的支持(对于越权行为之诉,除印花税和登记费外,一切费用及律师费均免除),也由于行政法院所

① *Droit Administratif* (7th ed.), Ⅱ, p. 17.

鼓舞起来的信心，基于“越权行为”的诉讼请求在数量上迅速增加。实际上，行政法院坚持将此类诉讼请求视为第一类诉讼请求的辅助请求，而且只有在缺乏其他可能的救济手段的情况下才予以受理。但是，随着此类请求的持续增加，行政法院不再坚持“缺乏其他可能的救济手段”这一受案条件。

这种变化为确定“越权”性的行政案件与普通行政案件之间的真正区别提供了可能性。由于受到一种主观性观念——即认为每一个案件都涉及到一种源自抽象正义的权利——的左右，法律家们认为提出“越权行为”主张是非常困难的。他们没有看到涉及“越权行为”的案件的增加——这种增加是一个事实，在某种程度上有违法院的意图——已经导致了一种深远的变化。传统的主权和个人权利之分正在逐渐失去其原有的意义。

我无法概括所有涉及“越权行为”的诉讼请求中所提出的主张和理由。[①] 但是，我们必须提到拉菲利埃先生的理论，正像我已经指出的那样，他的著作是公法演进史上的一个里程碑。[②] 他区分
185 了简单宣布无效的案件和涉及完全司法管辖权的案件。他首先论证了法院单纯宣布无效或拒绝宣布无效的裁决。其次，他指出法院可以审查所有涉及事实和法律的问题。宣布无效的一个典型例子就是涉及到“越权行为”诉讼请求的案件。有四种事由可以为这种诉讼请求提供根据：存在对一项授权行为之权限的违反、对正式

① Aucoc, *Comptes Rendus de l'Acachémie des Sciences Morales et Politiques*, 1875; Laferfière, *Traité* (2nd ed.), Ⅱ, 394—560; Tournyol du Clos, *Essai sur le recours pour excès de pottvoir*, 1905.

② Laferrière, *Juridiction et Contentieux* (2nd ed), Ⅱ, 394.

法规的违背、滥用权力或者违反基本法律。在最后一类案件中，只有其权利直接受到侵犯的当事人才能够提出诉讼请求。而且，这样一项诉讼请求总是一种辅助性的手段。

但是，这些理论在现实中都无法得到解释。为什么要区分单纯宣布无效和完全司法管辖权？其根据何在？这种理论并没有告诉我们。针对“越权行为”而提出的诉讼请求为什么只能作为辅助性的手段？上述理论也没有为我们提供理由。为什么在某些案件中所有利害关系人都可以提出诉讼请求，而在另一些案件却只有其权利直接受到践踏的当事人才能够提出诉讼请求？当我们仔细考察上述理论的时候，却只能发现不确定和自相矛盾。

仅仅由于事实上案件的增加，行政法院的裁决在实际需要的压力之下已经变得越来越宽泛，也越来越准确。涉及“越权行为”
的诉讼请求已经不再是辅助性的了。尤其是，这种诉讼方式使公 186
民得以更加广泛而又直接地参与到保障公共权力的良性运作的事业中来，而不必通过选举议员来制定一般性规则这种迂回曲折的方式。任何利害关系人，哪怕只是同这种行为之间有一种道德性的、间接的关系，都可以向行政法院提出起诉。这种诉讼的目的也不再是保护公民个人的主观权利。行政法院曾经受理过一位具备担任某一行政职务的资格的公民对一项不合法的任命提出的起诉，甚至还受理过某一特定公共服务领域内的公务员协会对这一领域内的不合法任命提出的起诉。这当然并不意味着每一位合格的律师资格持有者或者是律师协会都可以对不正常的法官任命活动提起诉讼。[①]

在这样一种情况下，拉菲利埃的理论失去了它的作用。我们向着不同的方向去寻找答案。只要我们取消了主观权利的概念，一切都会变得一目了然。我们必须用现代法中的基本概念来取代它。这种概念就是公共服务的社会功能概念或者是公共服务的法律状态的概念。行政法院的那些值得称道的判例不过是把这些现
187 代公法中的新概念付诸实施的一种实践而已。

第二节 主观性的行政诉讼与客观性的行政诉讼

一个行政案件中产生出来的问题是：是否存在一种主观性的法律状态（une situation juridique subjective）？其范围和限度如何？这一问题是这样产生的：当一项行政行为履行完毕之后，我们就必须知道它是否创造出了一种新的法律状态，或者它是否改变或破坏了一种既存的法律状态。当这样一个问题被提出来的时候，行政法院就有责任去分析它，并且斟酌出一种处理办法。在这种情况下，行政法院的裁决就只具有一种相对的和个别化的意义，这种意义只适用于它所表达的那种法律状态。

另一方面，行政案件所提出的唯一问题也可能仅仅是：行政机构是否在最一般性的意义上违反了法律。这是一个需要由法官来

① 这方面的案例是很多的；特别请参见 *Lot-Molinier* 一案的裁决，《行政法院判例汇编》（*Recueil*），1909 年，第 780 页；*Alcindor* 一案的裁决，《行政法院案例汇编》，1906 年，第 906 页；同上，1908 年，第 1016 页；同上，1910 年，第 719 页。

加以判断的客观性的问题。这个案件被提交到一个客观的审判机构。而法官只需要就是否违法表明自己的意见。如果他认为行政
机构没有违法，他就驳回起诉；如果他认为行政机构违反了法律，188
他就宣布撤销那种受到指控的行政行为。在这个意义上，他的裁决具有一般性的意义。被宣布为无效的行政行为对每一位公民都失去了效力，而不仅仅是对提出起诉的公民和行政机关自身。这种意义上的行政司法裁决与受到违反的制定法一样具有一般性的意义。

不过，这样一种诉求并不能针对每一种行政行为而提出。比如，法院显然不能宣布行政机构的实质性工作无效。它只可能消除一种法律后果，而不能消除一种事实。这种诉求也不能适用于行政行为已经导致了一种主观性的法律状态的情况。因为在这种情况下所产生的问题已经不再是合法性的问题，而是：新的主观性法律状态是否破坏或者改变了旧的主观性法律状态，而提出诉求的那个人必须是直接受到该行政行为影响的个人。换句话说，如果行政行为所产生的法律状态是主观性的，那么行政诉讼就必须是个别性的。只有当行为本身具有客观性的特点的时候，才可能提出客观性的行政诉讼。这种客观性的行政行为是不计其数的，因为它们包括所有以法令或规章的形式作出的行为。从实质性的角度来看，它们当然相当于制定法；但是，从形式的角度来看，它们仍然处在“越权行为”之诉的适用范围之内，因为它们毕竟是来自于行政官员的。

还有许多行政行为并不具有创设主观法律状态的效力。有些 189
行政行为会导致单纯的客观性法律问题，而另　些行为则会引出

行政官员的资格或能力问题。这两类行为在公法领域是极为常见的；而随着客观性公法概念的兴起，它们在数量上仍然呈现出不断上升之势。一个最明显的例子就是公务员的任命。这一行政行为事实上并不会产生任何法律效果。它既不能创造出资格或能力，也不能赋予官员身份。它只是创设了一个条件，而这个条件可能会产生出我们称之为公务员身份的法律状态，这一法律状态中包含许多因素——权限、规则、薪俸、退休金等等。一项行政委员会的决议往往是一项意志的表达，它使一种行政行为具有了产生法律效力的可能性。但是，这种主观性的法律状态只有在某种客观条件之下才可能产生现实的效果。比如，来自省议会或市议会的一笔拨款是一项必要的条件，只有在这个条件下，省长或市长才有能力颁布一项条例。

这些不同的行为正像确立规则的行为一样，具有一种客观的属性。它们不是个别性的，而是一般性的。它们对所有公民——特别是那些在该行政部门所管理的社会生活领域内活动的个人——产生着影响。它们关系到公共服务的全面运转。事实上，
190 这些行为本身并不能直接产生任何法律结果，但是，因为它们为某一项制定法的适用创造了条件，而这种制定法的适用将导致某种确定的法律结果，所以它们可以说是间接地导致了这些结果。它们是体现政府意志的行为，所以必须受到法院的制约。由于它们本身具有客观性，所以它们所引起的诉讼也是客观性的。这种诉讼可以由任何受到影响的公民提出。而法官并不惩罚这种行为；他只作出撤销或拒绝撤销这种行政行为的决定，而这种决定具有一般性的意义。

这种在“越权行为”之诉中体现得非常明显的客观性行政诉讼概念是法国行政法院通过其判例而作出的伟大发明。如今，它已经成为公法领域内的主导性概念。现在，我将着手去阐明这一概念及其所指涉的那种行政诉讼的适用范围和发展过程，并指出它的适用是怎样做到与公共服务的基本概念相吻合的。

第三节　“越权行为”之诉的范围和性质

法国法专门安排和组织了某些客观性的诉讼请求。一个最突出的例子就是选民案。在其中，法院所要解决的简单问题就是：选举的程序是否合法。如果由于程序不合法而导致选举结果被宣布为无效，这一判决结果无疑具有一般性的意义。与此类似的是权
限裁定法院所管辖的案件；该法院所解决的唯一问题就是程序的 191
合法性。在这里，我们假定行政法是客观的。

另一方面，我们可以说基于“越权行为”(*ultra vires*)的诉讼请求是一种一般性的综合，它主导着整个行政法。一种客观的行为，不论它是由共和国总统作出的，还是来自于最下层的行政官员，都可能被公民作为“越权行为”而起诉，而行政法院由此将对它的合法性进行审查。在这种诉讼中，个人不必援引自己的任何个人权利。公民在国家制度和法律之下生活，如果政府违反了法律，他就有权要求司法上的审查。权力的滥用当然必须得到禁止。法院在决定是否受理这种诉讼的时候会要求起诉者表明他在其中具有特殊的利益。但是，这种利益可以是非常间接的，比如

一位纳税人[①]在看到他所在地方的市政委员会没有按照法律来订立合同[②]时感到自己的利益受到了损害；它也可以是道义上的利益，比如，一位具备担任某一官职的资格的公民可以阻止任命那些不具备相应资格的人。

越权诉讼请求的客观性实际上还体现在这样一个事实中：行政法院如果受理了这样一个诉讼，它就可能作出两种决定：要么宣
192 布行政行为无效；要么拒绝宣布行政行为无效。它不能只是谴责这种行政行为。有时，它会把诉讼所涉及的问题交给某一位部长去处理；但在这个时候，它是通过向部长发出一份正式的通知，要求他遵照法院的裁定来处理。废除行政行为的裁定是一般性的，它对公民和政府都具有约束力。

在上文中，我曾经提到：曾经有一段时期，行政法院的判例表明它承认好几种针对行政行为的不同诉讼请求方式——无法律资格或法律能力、形式错误、权力滥用、违反法律等等。而且，它在接受此类诉讼的时候所适用的规则也有好几种。现在，这种混乱的情况已经不复存在了。行政法院所考虑的唯一问题就是是否存在违反法律的情况。无论具体案情如何，这个问题总是不变的。决定是否受理某一诉讼请求的条件也总是一样的。虽然有些时候法院似乎仍然是在区分无能力、违法和权力滥用，但是，这只是表明了一种习惯性的术语使用，而不能说明事实上的决策根据。[③]

---

① *Recueil*，1901，p. 333.

② *Recueil*，1903，p. 780.

③ Hauriou，*Droit Administratif* (1911)，p. 429；Tournyol du Clos，*Essai sur le recours pour excès de pourvoir*，1905.

越权诉讼可以针对任何政府机构或者其中的任何官员个人而提出，但议会两院、法院和其他司法机构除外。这些机构之所以例外，其原因是显而易见的。实际上，对司法人员存在着专门的控制措施，而针对法院或司法官员的决定提出的上诉只能在同类机构 193
(也就是上级司法机构)中进行。如果不是这样，就违反了司法与行政各自独立的宪法原则。

那么，议会或其中一个部分的决议为什么也是例外呢？我个人认为这种例外是一种阶段性的现象；毫无疑问，这种例外在将来的某一天会被取消。它的基础是一种至今仍然得到保留的观念，那就是：议会及其两院直接表达着国家的主权意志。我在上文中已经指出：现在已经出现了一种非常明显的趋势，那就是通过司法行动来控制制定法的可能性正逐渐获得承认；更加不容置疑的是，高等法院总有一天会取得对议会某院或其中某一办事机构所颁布的决议的审查权。

至于共和国总统，他的行为可以被作为“越权行为”而接受审查。毫无疑问，总统职位的性质自 1875 年以来已经发生了复杂的变化。[1] 但是，我们在这里只能对此一笔带过，因为它基本上属于
一个政治问题，而不是一个公法问题。在 1791 年和 1848 年宪法 194
中所设计出来的政治体制中，国家的元首被赋予了本来意义上的执行权，并且因此成为一个宪法性主权因素的真正体现者。他在行政权领域内代表国家主权，正像议会在立法领域内代表国家主

① 参见 Jèze, “La Presidence de la République”, *Revue de Droit Public*, 1913, p. 112; H. Leyret, *Le Président de la Républiatue* (1912)。

权一样。因此，他的行为是国家主权的直接表达，而且，正像议会的行为一样，他的行为也超越了行政法的管辖范围。

毫无疑问的是，1875 年宪法的起草者们在总统职位的性质问题上也抱着同样的观念。这在 1873 年 11 月 20 日法令，即所谓的“七年任期法”(*loi du septennat*)中得到了明确的表现，这部法律“授予麦克马洪元帅为期七年的最高行政权”。通过这部法律所确定的原则，此后的总统也享有与他一样的地位和特性。与他一样，他们都拥有我们称之为行政权的那一部分主权。他们都是国家的象征，并且因此凌驾于法律之上。

1875 年之后，总统逐渐失去了特殊的地位。他逐渐失去了作为国家主权代表的法律属性。他只是一位行政官员，尽管是行政科层体系中地位最高的一位官员。[①] 这种变化的结果是，从原则上讲，他的所有行为都可以被作为“越权行为”而受到起诉。这一变化并不意味着帝制主义的主权概念的消失。即使总统职位的性
195 质已经发生了巨大的变化，帝制主义的主权概念仍然可能岿然不动。这种演进过程不是平行的，而是各自独立的。这种变化的主要原因来自于总统人选的产生办法。由于总统是由议会选举产生的，所以人们就得出结论说：只有议会才是主权的全权代表，而总统只是一位行政官员。正是通过这种方式，总统地位的变化与公法的总体性演进达到了一致，以至于他的任何行为都不能超越于司法控制之外。

不过，迄今为止仍然有两类政府行为不受法院的审查和控制。

① 不过，据 Poincaré 先生认为，自 1913 年以来这种变化是显著的。

第一类是涉及政府与议会两院之间的宪法关系的行为，比如共和国总统召集议会或推迟议会会议的命令、终止议会会议或解散与自己发生争议的众议院或参议院的命令、召集选举众议院议员或参议院议员的选举委员会会议的命令等等。这些行为之所以不受法院的控制，其原因是非常简单的：在作出这些行为的时候，政府直接处于议会的监督和控制之下，而如果把它们提交给法院去审查，就等于是使议会的行为受行政法院的指导。在法国目前的宪 196
政结构之下，这是不能允许的。

上述行为不受法院控制的原则在召集选举委员会会议的问题上体现得非常明显。宪法授予议会两院“审查其成员的资格以及他们当选过程的合法性的权利。”(1875 年 7 月 16 日《宪法》，第 10 条)

如果承认行政法院有权审查总统召集上述会议的命令的合法性，就等于允许它侵占议会的权力。这一点在法国行政法院最近作出的一项裁定中得到肯定。它拒绝受理一位省议会议员的起诉，这一起诉所针对的是 1912 年 2 月 2 日的一项总统令，它要求在 5 月 19 日召集选举大会来为贝尔福(*Belfort*)选举一位参议员。“议会享有审查其成员资格的权利，在没有相反的正式法律规定的情况下，这种权利当然可以延伸到审查作为选举程序之前奏的所有行为的合法性。”①

第二类不受法院制约的行政行为就是政府的外交行为，也就是涉及法国与其他国家之间关系的行为。涉及这一领域的起诉不断出现。但是，以“越权行为”为由而对此类行为提出的起诉却不

① 《时代》杂志(*Le Temps*)，1912 年 8 月 11 日。

会被受理。在这个问题上，最引人注目的一项裁定出现在1904年，在那一年，法国行政法院作出裁定，宣布公民个人不能通过行
197 政诉讼来反对法国政府吞并马达加斯加的宣言。[①] 这里面的道理也是非常清楚的。外交行为直接关系到国家和民族的安全。政府在这个方面的行为与国家安全密不可分，因此，公民个人不能把这种行为带入到诉讼纠纷之中。政府的外交职能是在特定的条件下来履行的。它是唯一的这样一项职能：对它实施的管理会涉及到本国与他国之间的关系。法院制约对内行政行为的权力显然不能延伸到对外事务上。总而言之，外交事务不受国内司法管辖一直是公法中的一项基本原则。

第四节　政治行为概念的消失

除了上述两项例外情况以外，总统的所有行为都可以受到“越权行为”的指控。这是公法发展史上的一次巨大进步，其重要意义现在是无法估量的。

就在不久以前，立法机构在参事院的建议下提议行政机关制
198 定的规范公共行政活动的法令（也就是通常所说的章程）还不能成为司法制约的对象。但是，现在的情况已经不是这样了。法国行政法院于1907年12月6日作出的一项裁定明确承认针对这种法令提出的诉讼是可以受理的。在这一裁定中，它把这一类法令称为“委托立法”；尽管这种提法可能不够准确，但是，正是这种模糊

① *Recueil*, 1904, p. 662; *Revue de Droit Public*, 1905, p. 91.

的用语使这一裁定获得了更多的可能性。这项裁定中的这样一段话也是特别重要的："根据 1872 年 5 月 4 日法律，公民们可以以'越权行为'为由而诉请废除某项行政行为；由于国家首脑的那些为行政事务确定规范的行为是根据立法机构的委托来进行的，因此这意味着他将在最大程度上行使立法机构授予政府的就专门事项进行立法的权力；但是，由于这些法规出自行政权，所以它们仍然属于上述法律第 9 条所规定的行政行为的范畴……。"①

至此，"越权行为"之诉所针对的行政行为已经扩展到包括任何一种会产生某种法律后果的行政行为。这种变化当中还涉及到对一个概念的否定，这一概念在很长一段时间里一直主宰着法国 199
的公法理论，而且至今仍然主宰着某些国家的公法理论。这就是法国人所称的"政府行为"(actes de gouvernement)或"政治行为"(actes politiques)，而在德国，表达类似含义的概念是"国家紧急状态法"(*staatsnotrecht*)或"紧急命令"(*Notverordnungen*)。②

这些名词所指涉的是这样一类行为：就其内在性质或其来源来讲，它们本应当是开放于"越权行为"之诉的；但是，由于它们所为之服务的政治目的，它们被宣布为凌驾于法律之上。"政治目的"一词在这里就是在其最普通的意义上来使用的。实际上，"政治"一词具有两种不同的含义：首先，它意味着那些统治一个国家、确保其幸福和繁荣的行为，这是它最高贵的含义；其次，就其最普通的用法而言，它所指的是获得官职、并且在获得之后保有官职的

① 《行政法院案例汇编》，1907 年，第 913 页；同上，1908 年，第 1094 页；同上，1911 年，第 797 页。

② Jellinek，*Cesetz und Verordnung*，p. 337.

艺术。受政治目的支配的行为之所以被宣布为是不受法律制约的,就是因为作出这些行为是为了使某一政府能够保有其职位。这是另一种名目的国家理性(raison d'État)。

在法国,我们已经高兴地看到这一概念逐渐失去了意义。它
200 的消亡应当归功于权限裁定法院和行政法院的那些公正和独立的判例。帝制主义的主权理论的消失则使得这一概念的消失具有了可能性。这两个事实互相交织在一起,它们可以说是互为因果的。

不过,在过去的一段时期,法国的许多权威人士都支持这一概念所包含的学理。人们已经习惯于引用维维安先生(1849 年《法国行政法院组织法》的提案人)的这样一段著名的宣言:"有一些权利在受到侵犯的情况下不能诉诸法院。在一个具有明确的责任原则的代议制政府中,有时可能会出现一些十分紧迫的情况,这些情况迫使政府部长们采取紧急措施来应对公共需要,而他们在这样做的时候有可能会对个人权利造成损害。在采取这些紧急措施的时候,他们只需对政治权力(pouvoir politique)负责。如果把这些紧急措施也置于行政法院的管辖权之下,则会使一种为公共利益而实施的行动陷入瘫痪。这就等于在国家中创造出了一种会威胁到其他每一种权利的权力。"这是一种对国家理性所做的精巧辩
201 护,但其危险性已经非常明显地表现出来。它得到了杜弗尔[①]和巴特比[②]等杰出法学家的支持。1867 年,法国行政法院把这一原则适用到一个著名的案件中。这个案件涉及到巴黎警察局在内务

---

① *Droit Public*, Ⅳ. 600.

② *Droit Administratif*, Ⅶ, 401.

部长的批准下对奥梅尔公爵的著作的查封。行政法院以这一查封行为乃是出于政治原因为由而拒绝受理起诉。[1] 九年以后，在共和制政府的统治之下，巴黎上诉法院以同样的理由宣布自己没有相应的管辖权，因而不能受理拿破仑亲王提起的针对内务部和巴黎警察局的诉讼，这两个机构分别签发和执行了将他驱逐出境的命令。[2] 这是法国法院最后一次引用一项如此武断和专制的原则来拒绝受理一个案件。从此以后，政治动机再也不能成为法院拒绝受理案件的理由。

权限裁定法院在确定针对反对宗教集会的于勒·费里法令而提起的诉讼的管辖权时，含蓄地、但又十分清楚地拒绝了这一原则。在其为政府所做的辩解当中，隆雅先生指出："有人认为某些由公共权力部门实施的行动是不受法院管辖的政府行为……如果 202
真的存在这样一类行为，本法令就显然应当算是其中的一种。……如果你认为这种行为不具备上面所描述的那种特性，那么你就应该审查它是一种应该由行政法院来处理的行政行为还是一种应该由普通法院来审理的行为。"在这里，我们看到问题被表述得非常清楚。权限裁定法院在其裁决中写道："宣布这种行政行为无效或者阻止这种行政行为的执行并不是司法机构应当处理的事务。……如果起诉者们认为针对他们而采取的这种措施是违法的，他们应当向行政法院诉请宣布其无效。"[3]

① *Recueil*, 1867, p. 472.

② 巴黎法院，1876 年 1 月 29 日，《西雷》(*Sirey*)法学杂志，1876 年，第 2 期，第 297 页。

③ 《西雷》(*Sirey*)法学杂志，1881 年，第 3 期，第 85 页。

权限裁定法院拒绝了“政治性”这一判断标准,并且承认在该案中援引“越权行为”原则。

法国行政法院后来也明确地拒绝了这种理论,法国国防部长盖雷根据涉及法国退伍军人家属问题的1886年6月22日法律而把奥尔良亲王和穆拉亲王的名字从军队名单上删去。结果,后两者联合起来起诉国防部长。国防部长请求法院驳回他们的起诉,理由是其
203 中涉及到政治问题。行政法院拒绝了他的请求。它指出:“部长决定的文本中清楚地表明,这一决定是根据1886年6月22日法律而作出的。因此,我们可以判断部长的这一决定是一种执行法律的行为。为了执行法律而实施的行为应当接受行政法院的审查。”行政法院驳回了奥尔良亲王的起诉,但却受理了穆拉亲王的起诉。[①]

数年以后,权限裁定法院再次肯定了这一裁定的基本立场。它在三次不同的裁决中分别指出政治属性不能成为否定司法管辖权的理由。这里所涉及的问题是:巴黎警察局根据政府按照《刑事诉讼法典》第10条签发的指令而查封了巴黎伯爵的一些小册子和画像。[②] 权限裁定法院认为这些行政行为应当接受行政法院的审查。

尽管这些裁决反复强调了同样的原则,但是前面提到过的那
204 种危险的理论仍然反复出现。政府具有一种天然的倾向,那就是试图使自己的行为不受法院的制约。在1911年,权限裁定法院不得不再次谴责这种企图。它宣布司法机构应当受理针对法国驻海

① 《西雷》(*Sirey*)法学杂志,1890年,第3期,第29页。

② 同上书,第32页。

地总督的起诉，这位总统在一系列事件发生之后拒绝办理两位法国公民的结婚手续。权限裁定法院认为，虽然外交行为不属于普通法院的管辖范围，但是，仅仅与外交人员有关，但其本身却不属于外交行为的行政行为还是应当接受司法管辖权的制约。这一裁决指出："对于判断这种行为是否应当受法院管辖来说，下列因素都是不太重要的：外交权力的干预并不违背条约的有关款项，当地法律并未禁止这种干预以及他的拒绝可能是受某种政治动机驱使等等。"①这一裁决的重要意义在于：它明确指出，与国内政策的理由一样，对外政策的理由也不能成为逃避司法制约的有效根据。

因此，"越权行为"之诉是最高级的法律手段，通过它，所有的行政行为都被置于法院的制约之上。值得注意的是，"越权行为" 205
之诉的基础不是与国家主权相对立的个人主观权利。它的基础是对一种客观法，也就是公共服务法的维护。从这个意义上讲，每一位公民都是政府的代理人。他们都可以帮助维护法律。他可以要求法院撤销不合法的行政行为。当然，公民们寻求法院对行政行为的干预完全是出于为自己的利益考虑；但是，法律并不是靠这种利益来维护的，对法律起到保护作用的是公共服务的观念，即实现国家权力的良性运作、保障对法律的尊重的观念。公民们被武装起来以获得这种保护。通过司法来实现公正的过程并不涉及公民的主观权利，甚至也不涉及他们的利益。法院对这种案件的审理并不是靠其实际结果来使公民获利的，因为它的真正目的就其性

① 《行政法院判例汇编》，1911 年，第 400 页；《西雷》(*Sirey*)法学杂志，1911 年，第 3 期，第 105 页。

质而言是完全客观的。

这样一种制度完全是以社会为本位的，它表明了传统观念所发生的巨大变化。

第五节　防止权力的滥用：自由裁量行为概念在公法领域的消失

就这样，现代公法击溃了政府使其行为超越于法律控制之外的企图；政治理性再也无法提供一种阻止司法制约的借口。但是，公法演进所带来的变化却远远不止于此。现代公法理论已经认识
206 到：如果要考虑呈现在行政行为中的真正动机，每一种行政行为很可能都会被归于无效。正像我们已经不再承认存在一种所谓的国家行为一样，我们也不承认存在一种自由裁量的公务行为。

一种自由裁量的行为并不必然凌驾于法律之上。人们以行为主体不具备相应的行为能力或者是行为的程序和形式不合法而对之提出起诉。在以前，如果一种行政行为是由具备相应资格的政府官员按照法律规定的条件和程序作出的，它就会在诉讼中立于不败之地，而不管其动机和目的是什么。没有任何审判机构会去审查一种行为的目的，哪怕是行政法院也不会这样做。任何行为都不会因为自身的目的不合法而被宣布为无效。

大多数行政行为都具有这种特性，而且，我们在过去可以恰当地提出“行政机构的自由裁量权”(pouvoir discrétionnaire de l’administration)这一概念。在30年以前的行政法教科书中，我们几乎在每一页上都可以找到这个术语。由于同样的原因，“越权行

为”之诉在那一时期的许多行政法院裁决中几乎找不到任何位置。这一概念在德文中对应词是 Freies Ermessen（自由斟酌决定），这一表达方式同样是充满不确定性的。[①] 在今天的法国，自由裁量行为已经不复存在了。行政法院可以考察某种行政行为所追求的 207
目的，而且，它可以以这种行为所试图达到的目的违背了法律在其授权规定中要求行政机构追求的目的为由而宣布它无效，哪怕这种行为在形式上完全合法。

在这里，我们的分析遭遇到另外一个概念，那就是“权力滥用”（détournement de pouvoir）。从本质上讲，权力滥用就是我们一直在讲的“越权行为”。它是指国家公务员超越了授权性法律为他的权力所设定的限度，或者是他抱着某种目的实施了某种行为，而这种目的是法律不允许他去追求的。“权力滥用”是一个非常贴切的术语，因为它清楚地表明了这类行为的违法性。

这一概念在实践领域内的提出在很大程度上应该归功于法国行政法院的独立性。同时，这还应当归功于司法部的历任高级官员——从第二帝国时代的奥柯先生一直到今天的在任者——所表现出来的卓越的正义感。但是，值得提醒大家注意的是，关于权力滥用的理论进展应当归因于目的概念在私法和公法领域内的发展。在私法理论中，当个人的独立意志导致了一种法律结果的时候，为了确定这种法律行为的有效性，我们不必去找出个人在作出 208
这种行为的时候所抱持的目的；我们只需要知道他的意志指向某

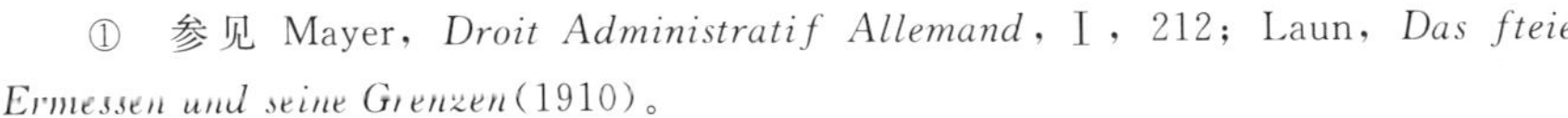

① 参见 Mayer, *Droit Administratif Allemand*, Ⅰ, 212; Laun, *Das fteie Ermessen und seine Grenzen*(1910)。

一件事情，而他又具备充分的意志能力就可以了。一项法律行为所包含的两个因素就是意志的能力和意志的对象。[①] 与此相类似，在公法领域，当人们认为一项行政行为的效力来自于主权权力的时候，只要知道这种行为是由一位具备相应资格的行政官员作出的，就可以判断它是有效的。随着主权概念的消失，目的因素变得非常重要。一种行为的有效性不再仅仅取决于它是否是由一位具备相应资格的行政官员作出的。由一位具备资格的行政官员所作出的行政行为，如果要具备法律效力，还必须符合这样一个条件：它所欲达到的目的符合授权性法律的规定。这种目的是永远不会改变的，那就是实现这位官员所负责的那个领域内的公共服务的充分运作。

从这一点上看，我们立刻就可以明白为什么自由裁量行为的概念会消失了。不论一个行政机构享有多么广泛的权力，普通公民总是有权去探寻它的动机。行政法院可以采取措施来审查和判断某一行政行为的动机，一旦它发现这一动机与法律的要求不符，
209 它就可以宣布这一行为无效。无论这位官员是共和国总统还是级别最低的公务员，结果都是一视同仁的。这种行为的性质也是不重要的。动机问题的提出使每一位政府官员的每一项行为都处于法院的制约之下。

这显然是一种非常重要的变化，同时，它也是主权不再作为法律的基础的另一个证明。当然，这种变化也并不是一蹴而就的。它的发端可以追溯到第二帝国初期，而最早体现出上述原则的那

① 参见 Duguit, *Transformations du Droit Privé* (1912)，第 82 页以下。

些案件本身并不具有十分重要的意义。这些案件所涉及的是省长的决定，这些决定则涉及到车站前面的交通管理。行政法院的裁决中指出：省长在作出决定的时候并没有考虑到安全和良好的交通秩序，他只是想为某些消费者造福。行政法院以权力滥用为由而废除了这些决定。1872 年，在根据制定法而建立起来的垄断性的火柴产业中，政府向某些经营状况不良的工厂提供补贴。某些省份根据财政部部长的指示而关闭了这些工厂，它们所根据的就是 1810 年法律赋予它们的控制危险的和不卫生的厂房的权利。
行政法院同样以权力滥用为由而撤销了这些行政行为。从在这些 210
不起眼的案件中发端之后，这个概念就在法国公法制度之中不断发展起来了。

我只能从行政法院明显使用这一概念作为判决理由的案件中选取几个最具特色的来作为我们的例证。在一个判例中，行政法院撤销了一项要求解散市议会、以纠正不正常选举结果的政府命令。行政法院在其裁决中指出：政府只能以保障社区的良好行政管理为由来解散市议会。因此，出于一种授权性法律中没有规定的目的而采取上述行动属于一种权力的滥用。[①]

在另一个案件中，行政法院撤销了国防部部长安德雷将军的一项决定，这项决定宣布不让一位粮食经销商承包国防部的粮食订购合同，仅因为他的政治和宗教观点与国防部长相左。[②] 行政法院的裁决指出：这里所涉及到的动机不仅与合同无关，而且与这

① *Recueil*, 1902, p. 55;《西雷》(*Sirey*)法学杂志，1903 年，第 3 期，第 113 页。

② *Recueil*, 1905, p. 757.

位商人的职业能力无关。

有些时候，某些省份的省长会动用 1884 年法律授予他们的控
211 制权来控制那些在政治和宗教倾向上令其不快的市议会。每当此类问题被提交到行政法院的时候，它都非常正确地撤销了这样的控制措施。在一个判例中，杜省(Doubs)省长试图强迫一个社区出租它的教堂。他宣布：如果该社区不按照 1907 年法律出租它的教堂的话，他就不会批准该社区的议会召开会议。这项决定被毫不留情地撤销了。行政法院指出：这位省长已经把他的权力用到法律所不曾设想过的目的上去了。[①]

在过去很长一段时间里，每一位部长都有权搁置由他负责审查的本部门候选人名单，他甚至有权运用其自由裁量权来勾掉某位候选人的名字。在 1851 年的时候，行政法院宣布自己没有权力
212 审查这样一种行政决定。但是，现在的行政法院已经认为涉及这种行政决定的诉讼是可以受理的，而且，它还认为自由裁量权的概念已经失效了。行政法院的态度在司法部特派员海尔布隆先生的一篇案例评析中得到了清楚的表达：“如果一位候选人符合法律所要求的所有条件，部长是否能够因他属于某一特定的社会群体而把他排除在外呢？”这个问题出现在这样一个案件中：一位身为牧师的候选人未被获准参加角逐一笔大学奖学金的考试。虽然行政法院在其裁决中支持了公共教育部部长的决定，但其理由并不是说自己无权审查部长行为的动机，而是说在审查完这种动机之后，它认为它们是合法的，是完全符合法律规定的大学教育的功能和

① *Recueil*, 1911, p. 289;《西雷》(*Sirey*)法学杂志，1912 年，第 3 期，第 41 页。

目的的。它指出这笔奖学金不仅意味着一个大学就读资格，还意味着一个将来在法国的高级中学任教的资格。法院在其裁决中写道："在拒绝原告参加考试的时候，公共教育部部长只是使用了法律所授予他的权力；因此，这一决定在任何意义上都不是一种越权
行为。"① 213

政府对这一决定的解释使我们更加清楚地理解了它的含义："自由裁量权理论如今已经被抛弃了。如今，自由裁量意味着部长可以按照他自己的意志来行动，但前提是他的行动符合法律的要求，并且服务于合法的目的。"拒绝一位牧师参加角逐奖学金的考试是符合一项法律所要求的目的的，该法律规定中学教育和小学教育是一种世俗教育。这篇案例评析最后指出，如果这一事件所
涉及的是将来在大学任教的资格的话，裁决的结果就会大不一样， 214
因为这种资格所考虑的只是候选人的能力，而不关心候选人的身份。

最后，我们还要提到几个以权力滥用为由撤销市长决定的判例。在一个判例中，德南市(Denin)市长的一项决定被撤销。这位市长习惯于在一家酒店召开政治性的会议，他解雇了一位向该酒店老板提出指控的警员。法院撤销了这位市长的决定。行政法院还撤销了一些受反宗教热忱趋势而发布的市长命令。② 在这些裁决中，我们可以看出这种诉讼的一种延伸和发展。在此之前，所有的原告如果想要胜诉，都必须提供直接的证据，以证明行政官员作

① *Revue de Droit Public*, 1912, p. 453.

② 《行政法院判例汇编》，1900 年，第 617 页。

出某种行政行为时所抱持的目的与公共服务的宗旨不符。但是,在我们上面所提到的宗教案中,原告只需要证明警方所给出的市长行动所必须根据的理由根本不存在就可以了。这并没有改变权力滥用之诉的性质,但是,它使得这种诉讼的适用面得以拓宽,并且增强了法院对事务性行政管理的控制。①

215 第六节　司法裁决对行政机构所具有的效力

但是,这一演进过程至今仍然没有完成。违反法律的行政行为现在已经能够受到法院的谴责;要使法院对行政机构的制约进一步完善化,必须使公民个人能够获得一种途径来迫使政府执行行政法院的裁决。它必须能够阻止这种错误行为的反复发生。它应当能够迫使行政机构遵循法院的裁决,比如,使行政机构恢复一

216 位被非法解职的官员的职务。从理论上讲,它完全拥有这种权力,因为行政机构必须服从法院的裁决。

不过,我们必须承认,这种制约途径还没有完全建立起来。奥里乌先生曾经正确指出:②“这种制约机制的缺乏目前还没有造成太多的不便,因为政府把自觉服从法院的裁决视为一种行政机构的荣誉。”他还指出:“随着地方分权和选举制度的进一步发展,这种行政荣誉感已经逐渐消失了。政府各部门开始想方设法地来欺

① 《行政法院判例汇编》,1909 年,第 180 页;同上,1909 年,第 307 页;同上,1910 年,第 49 页;同上,1910 年,第 192 页。

② 奥里乌对 1909 年 7 月 23 日和 1910 年 7 月 22 日判决做的评注,参见《西雷》(*Sirey*)法学杂志,1911 年,第 3 期,第 121 页。

瞒和应付在政治事务上使它们难堪的法院。……这种不良的观念不仅存在于市镇一级的行政管理部门之中，而且也存在于省一级的行政机构之中，我们已经无法相信它能够将市镇的行政管理拉回到法制轨道上来了。……这种恶劣的意识也将侵蚀到中央一级的行政部门中来。曾经有人以非常赞赏的口吻说：部长们都在抵制行政法院！……当然，我们也可以说，不是部长们，而是他们所在的部门正在抵制行政法院。这些部门正在反抗行政法院给它们造成的难堪。”

这幅图景可能有点太过灰暗了。在大多数情况下，行政机关都会自觉服从行政法院的裁决，它们会到议会去申请一笔款项来支付赔偿金，或者是恢复一名被不正当地停职或解职的行政官员 217
的职位。但是，行政机关在有的时候也会对法院的裁决进行抵制。政治的脾性使得它自己感到遭遇到了可憎的结果。法院控制的加强激发了行政机关的反抗。这也许是非常自然的；因为每一种新的社会力量都必须对抗当前现实中的保守主义。政府的政治化在现实中只是一个次级原因。而根本原因在于新观念对于某种状态——不确定倾向于在这种状态中占据优先地位——所作出的反应。

法国行政法院迄今已经意识到了这一点，即它所作出的裁决经常体现出为了挫败行政部门可能进行的抵制而付诸的努力。当然，它并不试图自行取代积极的行政权。它修正了行政机关的那 218
些不合规范的裁定，但它并没有用自己的裁决来取代它们。它只是保持作为一个裁判者、而不是一名管理者的角色。例如，如果地方行政长官违反了关于公民有权每周得到休息的法律，法国行政法院撤销了这项行为，但却不是遵照法律所要求获得的许可来作出的。它根据自己作出的裁决来考虑可能发生的拒绝遵守法律的情形。“将某人带到省长面前，请求省长作出批准，而依照法律他本来就有权得到这项批准。”①

这段说给行政机关听的话中所体现出来的规则，现在在法国行政法院的裁决——特别是撤销地方行政长官就每周休息法所作出的裁定的那份裁决——当中，已经经常可见了。但法国行政法院一直不敢明确撤销这样的一项行政裁定——一位地方行政长官通过作出这份裁定，拒绝在地区预算中列入某些必要的支出；但是法院委派利害关系人向内务部部长呈递一份法院命令，责令该部长确保直接出自于该部门的目标的实现。②

219 这不是一种实际的强制，但必须承认的是，目前对于行政机关直接拒绝理睬法院裁决的行为，是不能由法院来直接或者间接地进行否定的。一个案例——虽然它本身不太重要——之所以在这里变得很重要，是因为它在这方面体现了一个小社区的市长是如何可以抵制国家最高行政法庭的。依照 1884 年 4 月 5 日法令的第 102 条的规定，一位市长不能解除一名乡村警察的职务，但他却可以令其停职一个月。科迪那的市长为了规避这项法律规定，在将一名警察停职一个月以后，每个月都重新宣布停职。这当然无异于解职了。法国行政法院于 1909 年作出了一项裁决撤销了这

① 《行政法院判例汇编》，1906 年，第 880 页；《西雷》(*Sirey*)法学杂志，1907 年，第 3 期，第 17 页。

② 《行政法院判例汇编》，1908 年，第 689 页；《西雷》(*Sirey*)法学杂志，1909 年，第 3 期，第 297 页。

位市长的命令。但该市长根本不理睬法院的撤销裁决，仍然继续维持对那名警察的停职。1910 年法国行政法院曾经撤销了该市长所发布的七项新的命令。这种情况本来可能将无限期地持续下去；如果首相没有解除这位市长的职务的话，各个行政法庭就将不具有任何强制实施它们的控制的手段。①

这里出现了法国公法中的实际裂缝。唯一能够将其填补上的方式就是执行公务员的个人责任制。正是这种责任的缺乏才使得 220
法院的裁决丧失了执行力。在下面我们将会看到，理论和实践是如何在职务行为与个人行为之间制造一种微妙的、但却是精确的区分的，按照这种区分，个人行为将涉及到行政官员的个人责任。如果行政官员实施行为、或者是拒绝实施行为的动机与其职务的履行毫无关联，那么他的行为就是个人性的。显然，一名有意拒绝服从法院裁决的公务员是在其职务的边界以外实施行为的。任何的裁决都应推定为符合法律的规定。任何法律都建立在公共服务的利益的基础之上。表露对法院裁决的藐视，就是在表露一种对这一部门所提供的这种公共服务的故意藐视，并且也因此构成了一项个人过错。

毫无疑问，一名对法院裁决进行顽抗的行政官员所应承担的责任将在以后得到确立。科迪那的那名警察就无疑能够在一起以市长为被告的诉讼中胜诉；但是就如同我将在下面指出的那样，这类诉讼的程序是费时、复杂并且成本高昂的。这些案子由普通法院进行审理，而上诉可以、并且一直都是向最高审判机构提起的。

这使得那位请愿者变得踌躇不前了。他之所以犹豫，是由于他

① *Recueil*, 1909, p. 727；《西雷》(*Sirey*)法学杂志，1911 年，第 3 期，第 121 页。

一定要成功。但是如果他能够诉诸法国行政法院，并且，如果他所提起的诉讼（就像对“越权行为”所提起的诉讼一样）只涉及到登记
221 费用，也许他会减少一些疑虑。非常自然地，法国行政法院对任何漠视它就行政裁定的撤销或者处罚所作出的裁决的公务员，都可以进行处罚。这条道路将在未来被开辟出来——这是非常可能的。[①]

① 参见 Berthélemy, *L'Obligation de faire en Droit Public*, 1912, p. 511 页以下。

第七章　责任 222

国家应当对以它的名义所为的事情负责吗？仅仅是这个问题的提出就会揭示出公法中的一种复杂变化。大革命时代的人们可能会对这样一种要求感到惊诧。当时的《人权宣言》、宪法和制定法中都没有任何条文提到国家的一般性责任。不过，这些文件中的确有条文确定个人享有免受专断权力侵害的权利。223 不过，对这种权利的保障存在于分权、政府职能划分以及公务员职责等制度安排中。没有人想到它们可以存在、而且应当主要存在于国家的责任之中。如今，界定严格、范围广泛的国家权利已经成为个人自由的最佳保障。我们有必要追溯一下这一演进的过程。

第一节　主权与不负责任

规定公务员责任的法律条文是非常多的。基本的原则确立于1789 年的《人权宣言》之中："社会有权要求每一位公务员承担公共行政管理的责任。"在 1791 年宪法第三章的序言中，我们可以看到这样的文字："行政权授予国王，在他的领导之下，由各部部长和其他负有责任的公务员来具体执行行政职能。"同样的原则在

1793 年和共和历 3 年的宪法性文件中也得到非常明确的表述；[①]而且，这一原则被认为是如此根本和如此至高无上，以至于在共和历 8 年，有人试图建构一个不受选举和民主制约的强大的政府，公
224 务员的责任问题仍然无人问津。如果要对一位公务员提出指控，必须获得行政法院的授权。这就是共和历 8 年宪法中著名的第 75 条所规定的内容："对除国务大臣以外的政府官员可以就其职务行为而提起诉讼，但这种诉讼必须根据行政法院的命令而进行。"在 1830 年，人们对 1814 年宪章的修改体现了一种自由主义的风格，而且还公布一部"关于国务大臣和其他行政机关工作人员责任"的法律。不过，这部法律是在未获通过的情况下颁布的，尽管 1835 年国民议会的全部议程都围绕着对这部法律的讨论而展开。1848 年，这一原则以一种更为宽泛和概括的方式得到表述："共和国总统、各部部长以及行使一部分主权权力的官员承担责任的范围是：他们中的每一个人都必须对政府和公共行政部门的所有行为负责。"

自从 1789 年以来，没有法律文本提到、甚或是暗示到国家的总体责任。这并不意味着没有人考虑过国家责任的问题；因为许多法律文本都确认了所有政府官员的责任。没有人想到要使国家承担责任，这是因为立法者们认为"国家不负责任、也不可能负责"是一条不证自明的规则。

这种观点在逻辑上是能够自足的。通过仔细的分析，我们发

① 《1793 年宣言》，第 24 条至第 31 条；《1793 年宪法》，第 55 条，第 71—3 条至第 83 条；《共和历 3 年宣言》，第 22 条；《共和历 3 年宪法》，第 200 条，第 201 条，第 203 条。

现主权和责任是相互排斥的概念。当然,主权也可以受到限制。225
根据传统的公法理论,主权在限制个人权利的同时也反过来受到个人权利的限制。这种相互性的限制是由制定法来加以规定的,而且只能由制定法来加以规定。这种体现公意的制定法本身又源自于主权并且构成国家法。因此,从根本上说,是主权国家创制了法律,而责任的观念就此被排除在外了。因为,就一般人的理解而言,不负责任意味着对法律的违反。正像在绝对君主制中国王不会犯错、因而也就不必承担任何责任一样,被组织为主权国家的民主国家也同样不会犯错,因此也不必承担责任。

主权国家不可能根据制定法而承担责任,因为制定法本身就是主权的表达。主权国家也不可能对执行、司法或行政行为承担责任。如果这些国家权力机构按照法律来办事,那就不存在任何责任问题。如果它们不遵守法律,那也不关国家的事情,因为国家的意志是希望法律得到执行。行使权力的官员违反法律就意味着他们用自己的意志取代了国家的意志。因此,应该是由他单独承担责任。

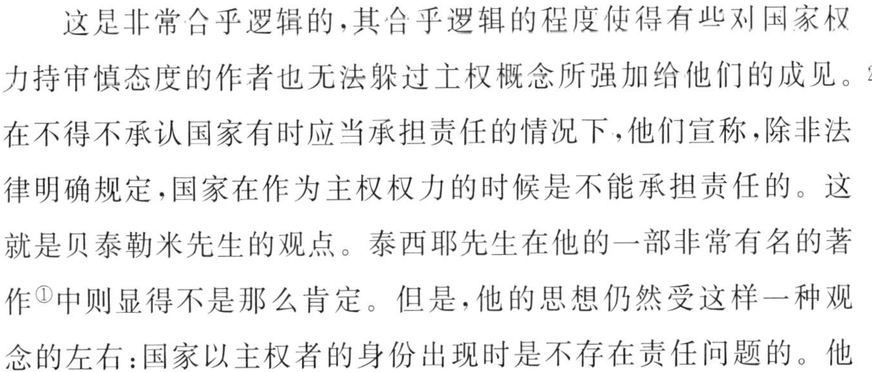

这是非常合乎逻辑的,其合乎逻辑的程度使得有些对国家权
力持审慎态度的作者也无法躲过主权概念所强加给他们的成见。226
在不得不承认国家有时应当承担责任的情况下,他们宣称,除非法律明确规定,国家在作为主权权力的时候是不能承担责任的。这就是贝泰勒米先生的观点。泰西耶先生在他的一部非常有名的著作[①]中则显得不是那么肯定。但是,他的思想仍然受这样一种观念的左右:国家以主权者的身份出现时是不存在责任问题的。他

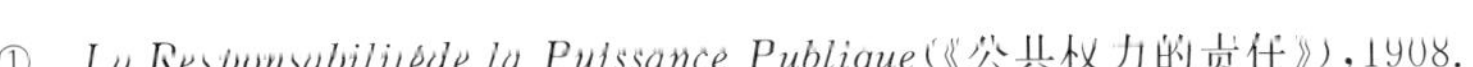

① *La Responsabilitéde la Puissance Publique*(《公共权力的责任》),1908.

写道："制定法是主权行为的最高表现形式；如果制定法中没有作出专门的规定，国家对公民个人造成的损害不能成为公民根据责任原则而向法院（不论是行政法院还是司法法院）提出以国家为被告的诉讼的理由。"

显然，主权与不负责任是两个互相依存的概念。在承认国家责任的地方，就不会承认国家是在根据自己的主权权能而行动。因此，要想使国家承担责任，就必须承认不负责任原则有其限度。那么，这种限度的界限在什么地方呢？面对主权行为和非主权行
227 为时，我们的态度会存在什么样的不同？如果国家被定义为一个主权者，它就必定永远是一个主权者；而且，如果主权意味着不必承担责任的话，国家也就必定不用承担责任。对一个人来说，很难找到适合各种不同场合的外衣。

因此，如果承认国家在某些情况下需要承担责任，也就必须承认它有时不是主权者；但是，如果承认国家在有些场合不是主权者，实际上也就等于说它从来就不是主权者。在下文中，我将说明：在现代社会中，国家活动的每一个方面都涉及到责任问题。而确立国家责任原则的需要也呈增长之势。

我有必要提醒大家注意：即使是在设计得最为缜密的主权论法律体系中，也存在着一种漏洞。《人与公民权利宣言》宣布私有财产神圣不可侵犯，并对此作了如下明确规定："除非存在合法宣布的公共需要，并且在公正的条件下，经过实现安排的合理补偿，方可剥夺私有财产。"[①]这里明显存在着一种对主权国家不负责任

① 《人与公民权利宣言》，第 17 条。

原则的攻击。这一点很容易得到解释。《人与公民权利宣言》的起草者们热爱国家,但他们更加热爱自己所拥有的土地。他们把主权奉为教条;但同时也把私有财产权奉为一种毫不比前者逊色的律令。私有财产权是一种个人主权;当其与国家主权发生冲突之 228
时,他们必须决定哪一方优先,而他们的决定就是支持私有财产权。

国民会议的每一位成员都或多或少地拥有土地这一事实至少可以从一个侧面解释他们的上述态度。当私有财产被剥夺时,国家的财政责任得到确认。稍后一些,他们又制定了一整套程序来保障土地征用后的补偿。这一原则长期得到法院的支持,后者通过其裁决对每一次直接征用的土地的所有者给予了补偿。

行政法的理论和实践也对这种原则加以确认。根据行政法,因为公共工程的启动而对私人财产造成的损害应当得到无条件的补偿,受损害者不必主张这种损害是由于违法或错误的行为而造成的。这种态度并不是基于一般性的国家责任原则,而是基于私有财产不可侵犯的原则。不过,它为那种倾向于认为国家应当对其所有干预行为承担责任的现代理论开辟了一个缺口:无论国家的行为是合法的还是错误的,只要它给某位公民个人或某一群体所造成的负担超过了整个社会的平均负担,它就必须承担责任。

第二节　国家责任问题在当代的提出

传统理论总是将责任的概念同过错的概念联系在一起。也就是说,每一种责任都意味着某一条规则遭到了违反;如果违反的是 229

道德准则，就会产生一种道德责任；如果违反的是法律规则，就会产生一种法律责任。显然，在这种理论框架之中，责任的概念和过错的概念都以存在一个有意志的人格主体为前提。一个自由意志对一条法律规则的有意违反将导致拥有这一意志的人格主体承担一定的责任。这就是传统的责任概念所体现的形而上学。显然，这种理论导致了一种很成问题的归责原则。

法国的个人主义刑法典和民法典体系都采纳了上述理论。刑事违法是一种自由意志对刑法的有意违反，因此，这一自由意志主体就必须承担相应的刑事责任。《拿破仑法典》第 1382 条确定了民事责任的原则。个人不仅要对其本人所造成的损害负责，而且还必须对其应当负责或者处于其监护之下的人所造成的损害承担责任。其理由是：当存在不良的选择或不良的监管之时，应当推定负有选择或监管义务的人是有过错的。

如果把国家责任问题放到这样的理论框架中来考虑，我们就
230 必须把国家设想为一个具有自由的、明确的意志的人格主体，它可能由于违反某一法律规则而犯错，并因此应当对自己所犯过错承担责任。一个重要的法学流派就接受了这种观点。在此基础之上产生了一种非常复杂和精细的理论，但这种理论的全部价值仅仅在于其逻辑上的严密性和精巧性。这种理论主张国家是一个人格主体，而官员们则是它的器官；官员们不具备区别于国家的独立人格，正像人的器官不具备区别于个人的独立人格一样。当他们犯错的时候，这种错误应当归咎于国家并且由国家对此负责。

这种理论首先是由祁克提出的，他所针对的是一般的社团法人。而耶利内克则发展了这种理论，并且将其专门适用于国家。

两位具有一定权威性的法国法学家对这种理论稍加修正之后，又把它引入到法国。[①]

但是，这种理论充其量不过是一种天才的虚构。使国家责任 231
同某种法律制度协调起来是非常必要的，只有在存在一种有意识的、有意志的人格主体的情况下，才可能存在一种责任。但是，正像无数的行政法院判例所表明的那样，从今天的现实来看，要求以过错概念为根据来确认国家的责任是非常不明智的。毫无疑问，传统使我们仍然经常把国家责任一词挂在嘴边，但是，实际上这只是意味着国家动用国库资金来赔偿其职能活动所造成的损失。我们本来应该提出另外一个术语来取代责任，但是，由于这个术语还没有出现，所以我们只好利用现有的最接近这个含义的语词。但是，我们有必要对自己使用这个术语所欲表达的意思作出明确的界定。

我在这里并不是想主张过错责任概念已经消失或应当立即从现代法中消失。在涉及到个人与个人之间的关系时，过错责任的概念是非常必要的。但是，当我们考虑集体与集体之间关系的时候，过错概念就没有任何位置了。当我们考虑一项个人行动的时候，由于存在驱使这种行动的意志以及这种行动所追求的目的，所以我们可能、可以找出个人的过错，而且，作为一项规则（当然，这

① Gierke, *Genossenschaftstheorie*（《社团法理论》），1887；Jeninek, *Allgemeine Staatslehre*（《国家的一般理论》），1905；Mieheud, *Theorie de la Personnalité Morale*（《道德人格理论》），1906—1909；Hauriou, *Principes de Droit Public*（《公法原理》），1910, p. 659。在其为祁克的《中世纪政治理论》所写的导言以及在他的《文集》第三卷的关于“法律人格和道德人格”的文章中，梅特兰（Maitland）也表达了类似的观点。关于对这种观点的批评，请参见拙著《宪法论》第1卷，第307页。

项规则也并不是永远适用的），我们应当根据这种过错来确定个人的责任。但是，在社团的行为中，情况就并非如此了。这种行动无疑也是有个人意志来驱使的，但它所追求的目的却是集体性的。
232 如果这个集体的某个代理人犯下了一种过错，我们不应该把责任归诸他个人，因为他是在为集体的目的而行动时才犯下了过错。我们也不应当把责任归诸集体，因为，除了在法律家们的想象中之外，集体并不具有人格性的存在。在这里，过错的概念和可归责性的概念都被排除了。

因此，在这里出现了另外一种新的观念，涉及国家责任的全部现代法律制度都建立在这个观念的基础之上。当一项集体活动——也就是一种具有集体性目的的行动——对一个群体或一个个人造成损害的时候，它就会影响到集体的利益。正像我在另外一本书中曾经写过的那样："社会生活或法律生活是个人活动与集体活动之间的分工的产物。集体没有意志，因此，它也不是能够负责任的人格主体。但是，集体活动又的确是社会活动中的一种不可或缺的因素。集体所履行的职能无疑会给整个社会带来好处，但是，这种活动特别是也会给集体中成员带来一定的利益。如果他们从中获得了利益，他们就应该承担它们的行为与个人或群体发生关联时所产生的风险，这是非常公平的。"①

国家的职能活动发源于个人的意志，但是，就其目的而言，它完全是一种集体性的行动。它是一种组织和管理公共服务的集体
233 行动。这一命题所蕴涵的必然结论就是：如果这种组织和管理公

① Léon Duguit, *Les Transformations générales du droit privé*, 1912, p. 140.

共服务的活动对个人或国家之中的其他集体造成了损害，国家就应该动用公共服务的基金来修复这种损害，只要在它的行为和损害结果之间存在因果关系。如果这种服务是由中央直接控制的，赔偿的任务就落到了国库资金上面。

正是这样一种简单的观念为整个与国家责任有关的法律体系打下了基础。尽管这种观念才刚刚产生不久，但是，围绕着它已经产生了大量的判例，即使它有时会被负隅顽抗的过错概念所篡改。它显然暗示着对主权概念的否弃。当我们把责任直接与服务的事实挂起钩来的时候，不论这种服务是由谁提供的，其结果都将是一
样的。我们应当这样来界定这种观念所带来的变化：它导致了公 234
法的一次进化，这次进化破坏了传统的主权概念。

第三节　议会的行为

古老的传统以及一种根深蒂固的用词习惯使得许多杰出的思想家仍然无法摆脱议会主权观念的影响。我曾经指出，[①]这种观念的盛行严重阻碍了“越权行为”成为制约议会行为的有效手段。事实上，议员们喜欢把自己装扮成国家主权意志的代言人。不过，这只是一种语言游戏而已。但是，在世界上的任何地方，尤其是在法国，语言游戏的实际影响力是不容低估的；正是这些空洞的教条使得法国行政法院迟迟不敢承认国家应该对其议会的行为负责，

---

① Léon Duguit, *Les Transformations générales du droit privé*, 1912, chap. 3 et chap. 4.

但是，如今这一问题已经被明确提出。到处都在对此进行讨论：从议会到法院，从学术机构到公共场所。这种讨论的重要意义是显而易见的。

我们可以想象议会通过并且以制定法的形式颁布了一部个别提案。这是一部正式的法律。如果议会被赋予了一种不必承担任
235 何责任的主权，那么，不论它颁布的是一种非常个别化的命令，还是一种实质意义上的一般性规则，它都可以不负担任何责任。幸好这种时代已经一去不复返了。今天，人们已经承认议会所作出的某些个别化决定在某些情况下是会导致国家责任的。

我在前面已经提到过行政法院的几项裁决，这些裁决要求国家向萨瓦省的一些教会机构支付赔偿金。它们由于政府拒绝向其返还按照一项议会法案应该于 1860 年向它们返还的一部分税款而蒙受了损失。当然，这里所涉及的并不是一部正式的制定法，而是议会两院就预算问题而作出的一项决议。但是，如果议会享有真正的主权，那么这种主权应该体现在这样一份法案中，正像它体现在一部正式法律中一样。我也曾经提到过米尔兰先生（当时的公共工程部部长）在议会中对若雷斯先生的一次演讲所作的反驳。后者主张：如果国家自己与西部铁路公司就 1883 年的一份合同进行的讨价还价感到尴尬，它就可以通过一部法律来取消自己所负的义务。议会拒绝按照若雷斯先生所提议的政策来做。

236 在两个案件中我们都碰到了合同的问题。但是，当我们面对着主权的问题，而议会又是主权的活生生的体现的时候，合同就很不重要了。没有任何合同能够使国家承担责任。如果我们同意拉菲利埃先生的说法，即："有这样一项原则，那就是：如果公民个人

由于国家的某一立法而受到损害，他们不能得到任何赔偿”，那么，议会的行为就意味着国家的不负责任。

现在，让我们假设议会通过了一部从实质到形式都非常正式的制定法。它需要对这样一部法律承担责任吗？仅仅是提出这个问题就表明我们的公法观念已经发生了深刻的变化。

但是，这个问题的确已经被提了出来，而国会必须加以回答。当一部法律获得通过、而它的适用将损害某一特定公民群体的利益的时候，立法者是否应当将赔偿损失作为一项法律原则呢？这个问题在法国和别的一些国家得到热烈的讨论。在法国，讨论是围绕着 1909 年的一部禁止使用白铅的法律而展开的；在瑞士，讨论涉及到禁止使用苦艾酒的 1910 年联邦法律；在乌拉圭和意大利，讨论则涉及到保障公共垄断的法律。这些讨论中所提出的问题并不是关于立法道德的问题，而是关于权利的问题；正是在一种 237
高于立法权的权利原则的名义之下，议会问：我们是否不应该对那 189
些由于我们通过的法律而受到特别损害的人提供赔偿？在讨论的过程之中，立法机构对自身主权的信仰受到了严重的动摇。这一事实具有特别重要的意义。

我们现在正处在一个变迁的时代。新的法律理论和法律制度正在形成之中；但是，我们已经可以看到它们所能提供的解决方案的大致轮廓。如果议会制定了一部新的法律来禁止那些根据旧法而具有合法性的行为，因为这些行为侵犯了某种理想性的权利，那么，它就不应再对这些行为所造成的损失负赔偿责任。立法者的职能是为公共服务的良性运作确立一些一般性的规则；因此，国库资金不应当负担一种没有任何根据的赔偿责任。

这种理论已经遭到一种反驳。反驳者认为：既然对公民造成损害的那些行为是依法进行的，而新的法律又为了公众的利益而禁止了这些行为，那么，从逻辑上讲，国家就应当负责修复它先前所造成的特殊损害。这样一种观点其实是站不住脚的。尽管正像本书中反复论证的那样，主权概念已经失去了作为公法之基础的地位。但是，一部实质性的制定法仍然是一种权利规则的表达。
238 正像我在 1911 年曾经说过的那样，“法律并不是一堆绝对的、不可改变的原则，相反，它们是一套随着时间的推移而不断发展和变化的规则。因此，即使是一种在很长一段时期内被视为合法的情形也并不是永远合法的。当一部新的法律使以前合法的行为变为非法的时候，从以前的法律中得到好处的个人不能抱怨这种新的法律，因为新法只不过是记录了权利观念的演进而已。”①

在经过很长一段时间的讨论并且在参众两院的会议纪要上留下了许多相互矛盾的记录之后，禁止在美术作品印制业中使用白铅的法律终于在 1909 年 7 月 20 日获得议会通过，这部法律明确表示政府拒绝向该产业的制造商支付补偿金。在参议院就补偿金问题展开的长期讨论中，当时的劳工部部长维维亚尼先生指出：这个问题不是政府对一个产业实施征用的问题，而只是一个简单的禁止在生产中使用已经被证明为有害的物质的问题。因此，法律应当禁止使用这种物质，而不必对由此遭受损失的厂商支付任何赔偿金。这位部长并没有援引议会主权论来支持自己的论证。他敏锐地发现德国和奥地利已经通过了这样的法律，但是没有支付

① Droit constitutionnel, 1911, Ⅰ, p. 164.

任何补偿金。最后，这一讨论以参、众两院之间达成妥协而告终：政府不必向厂商支付补偿金，但是，禁止使用白铅的规定要经过五 239
年的缓冲期之后方才生效。

次年，议会又通过了一部禁止销售婴儿奶瓶吮嘴的法律。医生们早已指出，这种产品的使用是造成婴儿死亡的主要原因之一。在对这部法律的草案进行讨论的过程中，补偿的问题甚至从来都没有被提出过。众议院的提案报告人杜朗先生指出："我们必须在两种情况之间作出区分：一种情况是征用或者用国有企业来取代私人经营的企业，在这种情况下，支付补偿金是必需的；而另一种情况则是国家为了公共利益、为了人民的幸福安康而禁止制造某种产品或者禁止在生产过程中使用某种原料，在这种情况下，是不必支付任何补偿金的。"

目前，法国议会正在考虑制定禁止生产和销售苦艾酒的法律，这种东西是有损健康的，并且会导致酗酒。如果这一法律获得通过，政府显然也不会向制造商和销售商支付补偿金。这种产品是毒害公众的物品，法律应当尽快取缔生产这种产品的企业。

不过，应该指出的是，在瑞士，于 1910 年 6 月 24 日获得通过的一部类似的法律规定了支付补偿金的问题。该法律中有这样一条规定："为公平起见，那些由于禁止苦艾酒而受到直接损害的生产商和雇主可以得到部分的补偿。"这一表述方式说明瑞士立法者 240
并不是在适用一项一般性的原则，而只是在确立一种在特殊情况下应用的公平措施。

不过，当一部法律不是为了组织危害社会的产品的产生，而是出于对某一产业进行公共组织的目的而禁止某种生产的时候，它就应当为那些受到特别损害的人提供补偿。在这种情况下,就可以正确地宣称某些人承担了过重的负担,因此应当从国家财政中得到补偿。立法者在以公共企业来替代私人企业的过程中并没有犯下什么过错,但是,只要这一私人企业没有给社会造成过损害,它就不应当在这一过程中蒙受损失。

241 法国的立法机构已经数度使用这一观念。当火柴制造业于1872年被变成一个国家垄断的行业时,那些火柴制造商得到了相应的补偿。1904年3月14日通过的关于就业指导和管理部门裁员的法律规定,负责就业事务的公共事业部门在裁员之前将得到公正的补偿。比较之下,意大利于1912年4月4日颁布的一部宣布组建一个“全国人寿保险协会”的法律就拒绝给予这一行业内的个人或公司以任何补偿。不过,这些经营人寿保险业的私人企业并没有被要求立刻停业,而是可以有10年的时间继续它们的经营。[①]

第四节　立法方面的责任

这样,我们看到,大多数制定法中都没有规定补偿原则。那么,法院是否可以判定给予那些因一部新法的适用而蒙受特别损
242 失的个人以补偿呢?当制定法的主要目的是禁止那些被认为是有悖于公共利益的行为的时候,那些因这种禁令而蒙受损失的人显然不能要求获得补偿。但是,如果一部制定法的目的是使一个行

① Cons. Jéze, *Revue du droit public*, 1912, p. 433. 要更多地了解那部意大利法律,参阅:*Bulletin de statistique et de législation comparée*, avril 1912, p. 538.

业变成由国家垄断的行业，或者是改变一种公共服务的结构，而这种改变又会给某些特定的社会群体增加额外的负担，那么，在这种情况下，国家的赔偿责任问题就会被十分尖锐地提出来。

在很长一段时间里，法院毫不犹豫地拒绝在此类案件中判定国家承担赔偿责任。其理由是：因为一部制定法是由议会制定和颁布的，所以它是一种主权行为，而主权行为是不必承担任何责任的。最能体现这种立场的是行政法院在 1838 年 1 月 11 日作出的迪夏特利埃案裁决，它拒绝为受到 1835 年法案的不利影响的厂商提供任何补偿。这一法案禁止厂家生产某些种类的烟草。法院在其裁决中写道："国家不应对出于公共利益的考虑而制定的禁止某种生产活动的法律所造成的后果承担赔偿责任。"在 1852 年的费里耶案和 1879 年的古佩案中，法院也分别都作出了类似的裁决。

国家不必给付任何补偿，即使是对那些与国家之间存在合同关系，而其义务因为新法的推出而加重的厂商也不例外。在 1883 年 1 月 12 日的巴尔布案中，法院认为一位同国防部订有合同的承包商不能因为炸药需要支付新的税种而要求国家付给补偿金。这些裁 243
决没有引起任何争议，它们获得了法律界的一致认同。

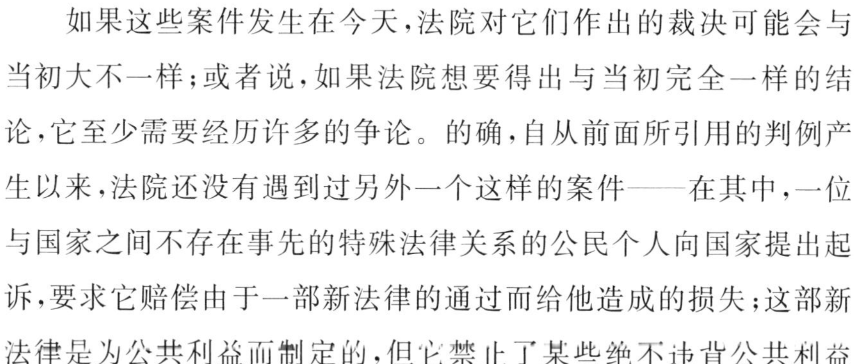

如果这些案件发生在今天，法院对它们作出的裁决可能会与当初大不一样；或者说，如果法院想要得出与当初完全一样的结论，它至少需要经历许多的争论。的确，自从前面所引用的判例产生以来，法院还没有遇到过另外一个这样的案件——在其中，一位与国家之间不存在事先的特殊法律关系的公民个人向国家提出起诉，要求它赔偿由于一部新法律的通过而给他造成的损失；这部新法律是为公共利益而制定的，但它禁止了某些绝不违背公共利益

的事务。但是，在过去几年间，行政法院处理过好几起这样的案件——一位与国家之间订有合同的公民请求国家补偿由一部新法律所导致的额外成本。

国家不能通过一种单方的个别行为来改变一种契约状态，这是一项早已确立的原则。但是，国家是否可以通过法律这种一般性规则的形式来改变它自己作为一方当事人的某一类契约，甚或所有的契约呢？这种法律是否可以不改变契约状态但却改变既定的义务内容呢？当与国家签订契约的当事人履行合同的时候，如果新的法律带来了额外的成本，国家是否应当对此加以补偿呢？在大约30年的时间里，这些问题再也没有人提出。不过，在今天，它们又开始引发激烈的讨论。

早在1903年，正像我们从裁决书的语句中可以看到的那样，
244 法国行政法院就已经在处理这一类案件时表现出一定的犹豫：在

那一年的一个判例中，行政法院拒绝判定给予监狱劳动的得标人以补偿，尽管1885年的《假释法》、1891年的《减刑和免刑法》以及1892年的《预防性监禁法》给这些得标人造成了损失[1]。这种犹豫不决的态度在诺瓦和贝耶萨案中体现得更为明显。在该案中，一位国家工程承包商声称1899年的《工程事故法》增加了他的负担。当时的政府法律顾问塔迪厄先生撰写了一份详细而又充满真知灼见的案情摘要，从中可以看出，他虽然倾向于主张拒绝支付补偿金，但其态度却是不无犹豫的。他主张拒绝的理由是：法律具有一般性的、非个人化的特点。而行政法院的裁决也基本上表达了同

① 行政法院1903年4月3日判决，*Recueil*，1903，p. 306。

样的观点。[1] 可以看出，一味地援引国家主权原则来拒绝支付赔偿金的时代已经过去了。

国家作为立法者的责任问题在涉及另一类法律的案件中也被提了出来，这就是改变由私人来经营的公共服务的运作状况的法律。我在前面已经提到[2]，政府负有法定的责任去确保每一种公共服务的充分运作，因此，它可以通过发布命令或立法等单方行为 245
来改变管理公共服务的规则，即使这种服务是由私人来负责提供的。当国家所制定的改变公共服务的管理规则的法律增加了作为私人的服务提供者的工作难度的时候，国家责任的问题就产生了。到目前为止，一个明显的趋势就是承认国家应当支付补偿金。如果说，现在人们对于如何解释这种义务的性质还没有达成共识，这也不会影响这种总体趋势的。公法演进中的最基本和最有特色的事实就是对这一责任原则的承认。

在对法国的《水陆联合运输法》进行解释的时候，我们的公共工程部部长表达了自己对这种国家责任原则的支持。在这一领域采纳国家责任原则的一个结果就是要在一个非常重要的环节上修改规制私营铁路的原则。部长先生写道："每当国家认识到任何一种由私人来经营的公共服务事业所承担的成本已经超过特许状中所规定的负担程度的时候，这种私人利益就有权获得补偿，从而使自己从损害中恢复过来。"上述法律中的第 3 条写道："行政法院将负责审理铁路经营者根据本法而提出的损害赔偿请求。"其实，如

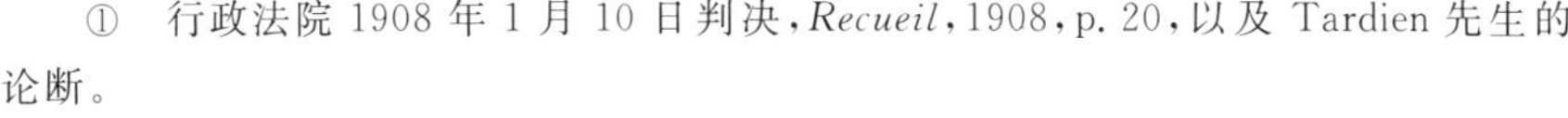

① 行政法院 1908 年 1 月 10 日判决，*Recueil*，1908，p. 20，以及 Tardien 先生的论断。

② 本书第四章第八节。

246 果没有这样一部法律的话，铁路业也会通过游说的方式来寻求补偿。在议会就这一法律草案作报告的贝尔特先生说道：“这一条款只是确定了一个资格能力的问题。它没有为公司确立任何普通法律权利之外的获得赔偿的权利。它只是赋予行政法院以审理此类案件的最高管辖权。”

同样的问题以一种特别有趣的方式出现在与 1909 年和 1910 年的养老金法相关的领域。其中后一部法律是溯及既往的。现在，它们是一种修改公共服务的条件的法律，其实施将会损害从政府那里获得经营公共服务事业的特许权的那些私营公司。没有人怀疑这些法律的正当性；但是，毋庸置疑的是，有关的公司会认为新法的实施必然会导致它们自身负担的增加。于是，它们会想方设法迫使国家支付赔偿金，即使我们国家目前还没有确立这类国家赔偿的法律原则。

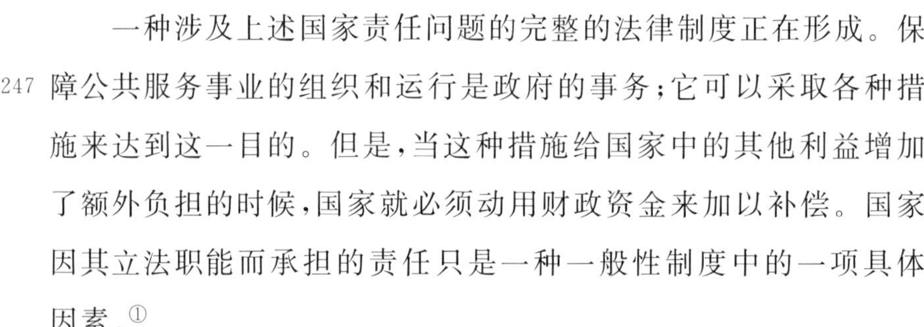

一种涉及上述国家责任问题的完整的法律制度正在形成。保
247 障公共服务事业的组织和运行是政府的事务；它可以采取各种措施来达到这一目的。但是，当这种措施给国家中的其他利益增加了额外负担的时候，国家就必须动用财政资金来加以补偿。国家因其立法职能而承担的责任只是一种一般性制度中的一项具体因素。[①]

① 现在已经有许多关于国家责任问题的文献。请参见：Teissier, *La Responsabilité de la Puissance Publique* (1908)；Tirard, *La Responsabilité de la Puissance Publique* (1908)；de Roux, *La Responsabilité de l'État*(1909)；Despax, *La Responsabilié de l'État* (1909)；Marcq, *La Responsabilité de la Puissance Publique* (1911)。

第五节　国家对司法人员行为的责任

现在已经进入了由公务员所实施的司法行为的领域，在这一领域中，公法向着确认责任方向的演进几乎没有取得什么进步。在法国，以及海外，只在很少的案件中确认了国家就这种行为所应承担的责任。这种现象的原因是什么呢？

有人可能会认为，主要原因在于司法官员比其他许多人都更 248
能明确和直接地表达国家的主权意志。当然，在1791年、共和历3年以及1848年的宪法中，都规定司法权构成了与其他两种权力平等的、但又独立于它们的第三种权力，并且也像这两种权力一样表达着国家的主权意志。在有关的行为出自于立法机关、行政机关或司法机关的情况下，对国家所应承担的责任是从来不曾产生过疑问的。但是，如果我们在今天仍然谈到司法权，那么只是在延续一种习惯的用法。无论是成文法、还是政治学说，都不曾承认过某种在1791年宪法意义上的司法权的存在。就像行政官员一样，司法官员也是一些实施行为的官员。虽然他们的任命、权限、地位，可能会与行政官员有所区别，但实际上这两类人员都是很相似的。因此可以得出这样一个结论，即，如果我们不加保留地确认国家应对那些由行政官员所实施的行为承担责任，那么它对于司法官员的行为也必然要承担责任。不过，之所以在国家就两类行为所承担的责任会存在不一致，其原因并不是无法说明的。

在法国的公法制度中，司法机构单独享有对刑事案件，以及所有从个体公民的相互关系中所产生的民事案件进行审理的管辖 249

权。但它的权力并非就到此为止了。它也可以对任何并不涉及行政法，而是直接关系到自由或财产的案件作出裁判。羁押、没收、征用、保释、发布禁止令——所有这些行为都是在它的职权范围之内的。因此，我们必须在它的审判权与非审判权之间作出区分。并且，这也解释了为什么国家就司法行为所承担的责任很难得到确认的原因。[①]

障碍存在于所涉及到的行为的性质当中。强行性的立法一直在寻求某种对于保障它们所赋予司法人员的独立和智慧所需的保护措施。无论法学家对于司法行为内在性质的认识可能会存在多大的差异，这种行为都会通过法律的强制力和社会事实明确宣告某种法律状态的存在、不存在或者这种法律状态的程度。一项司

250 法行为之所以具有巨大的社会影响力，是因为它通过对法律秩序的保障来保证了社会秩序，这也许是其他任何行为都无法与之相比拟的。一旦争议产生，司法的职责就是宣告保障诉讼过程中的公正与能力的手段存在于什么之中。但是，如果每一种申诉手段都已经用尽，那么法院的裁决就要确定地强加给每一个公民。如果有关的当事人能够请求支付赔偿金的话，无论出于什么原因，对于已经得到了评判的问题来说，还可以重新开始进行考量。在社会中这是不可能实现的，因为这样做将会开启一个导致社会无序的持续性源泉。

时常有人声称，国家应当在这样的情况下承担责任，即一个遭

① 关于司法行为的性质，参见 Jèze, *Revue de Droit Public* (1909), p. 661; Duguit, *Traité*, Ⅰ，第 260 页以下。

到监禁的人，在一个下级法院中被宣告有罪之后，又在上诉审中被宣告无罪，或者是原告错误地在上级法院的审理中胜诉。又有人声称，在上述的情形下审判终局性的原则并不排除责任的原则。这是非常正确的。但是，在上述的两种假设状况中，国家都不会因终极性的原则而免予承担责任。它之所以摆脱了责任，是因为从 251
观察事物的整体性角度看来，司法的功能已经充分地得到了履行。除非当事人是对法院中法官可能的个人过错提出了异议，否则不存在任何进行抱怨的理由。这一点可以用来暗示法官的责任，但这已经是另外一个不同的问题了。

长期以来这种无责任论都是毫无例外的，但是在1895年，一项对《刑事诉讼法典》第446条进行了修改的、调整刑事上诉活动的法令终于展示了一个例外。“上诉法院所作出的确认被告无罪的裁决，可以应被告的请求，准予他就因对他作出定罪宣判而造成的损失获得赔偿。这些赔偿将由国家来支付，除非上诉是针对个体公民而提起的。”立法机关在这里宣布自己是这样一种观念的拥护者：在上述的情况下，通过将一个清白无辜的公民确定地宣告为有罪，而使得司法职责得到了非常糟糕的履行。司法官员是否存在过错，其实无关紧要。基本的事实就是审判不公或误判。国家财政必须为了司法公正这一社会利益而支付赔偿。立法机关在这里止步；并且，这一规定一直被严格解释，以限定其适用范围。

对于非审判行为来说，也产生了同样的问题。在这里，我们就 252
司法裁决导致的国家责任为什么难以得到承认的问题所得出的那些原因，是与此毫不相关的。但是在这一领域中，国家责任也仍然没有得到承认，并且看来甚至还要更为远不可及。那些权威的著

者——例如泰西埃先生[①]和加罗先生[②]——认为，在某个司法人员实施专断拘捕行为的情况下，是不可能涉及到国家责任的。罗兰先生——近来的许多评论家之一——则主张[③]，国家的无责任必须从审判事务拓展至治安事务的领域，并且尤其要延伸到司法官员所负责实施的拘捕行为。

在1904年由克莱蒙梭先生提交讨论的、关于保护个人自由的法案中，有一条规定包含了国家在警察错误地侵犯了个人自由的情况下应承担责任的原则。克莱蒙梭先生当时是一名参议员；但在他于1907年1月18日（当时他担任首相）所颁布的法案中，却找不到这样的条款了。在1909年5月2日进行的第二次宣读中由参议院加以采纳的条文，包括了这样的一项条款，它界定了可以

253 起诉治安法官的几种情形，并提出了下面的建议："国家应就针对治安法官所提出的赔偿请求承担民事责任。"这样，参议院承认了司法机关的责任——但责任的范围仅限于那些引起诉讼，以及引起司法机关的间接责任的个人过错。由于受到陈旧的民法学说的影响，这一观点破坏了直接国家责任的原则，并且无法与公法的普遍发展趋势相协调。

可能有人注意到，自1910年以来，就一直允许为那些"遭到拘捕，然后又被检察官决定不起诉的人，或者是那些根据法院裁决被宣告无罪的人"支付赔偿而向司法部长划拨专款。[④] 但布勒里先

① Teissier, *La Responsabilité de la Pussance Publique* (1908), No. 42.

② Garraud, *Précis de Droit Criminel* (1906), p. 943.

③ *Revue de Droit Public* (1909), p. 661.

④ 1912年预算案（见1912年2月28日《政府公报》），第23条。

生在其于1910年所提交的报告中又作出了这样的说明："我们并不试图承认被害人享有就专断的拘捕要求获得赔偿的权利；因此这一提案目前暂时保留，直到涉及保障个人自由的法案通过审查为止。"不过这样的法案一直没有提交表决，其未来走向，仍难预测。

对于这种消极态度所作出的唯一解释，这是因为对两种完全
不同类型的行为进行了不正确的同化。人们无意识地相信这一
点，即法庭的裁决就像警察的裁定一样。这是一个经常遭到抨击，
但看来却极具坚韧性的错误。我们只能认为，最终现实情况将比 254
传统更加有力地证明，一个司法官员所处的状况将完全具有非审
判权的性质，即与一名行政官员所处的状况相同。[①]

第六节 国家对行政人员行为所承担的责任

实际上，正是在涉及到后一种行为（行政行为）的领域，涉及国
家责任的法律制度获得了最充分的发展；这种发展只能从主权权
力概念的完全消失中才能得到解释。不论一种行政行为来自于哪
一级的行政官员，也不管这种行为的性质如何，它总是会产生国家
责任的问题。主权性行政行为与非主权性行政行为之间的区分也 255
是没有什么意义的。现在，涉及到国家责任问题的公法演进过程
已经画上了一个圆满的句号，不论履行公共服务的过程中是否存
在过错，都可能涉及到政府责任的问题。

---

① Larnaude, *Revue Penitentiaire*, 1901, p. 185.

当然，过错的观念仍然可以在判决文本中找到，不过这指的并不是一种拟人化的公共服务的过错，而是一个具体的代理人的过错。在有的情况下过错是实际存在的；在这些情况下，过错是进行行政惩罚的依据，无论这种过错是违反了制定法还是因行政官员的疏忽。而在有的情况下又是找不到任何这类的过错的；但是法院仍然主张要通过使国家承担责任的方式，来保护个体公民抵御可能因该项公共服务的履行而造成的损害。这就是所谓的抵御行政风险的保障。

总的来说，国家责任制度的成熟使公法中的一个基本概念变得明确起来了。国家就是由政府为着共同利益所实施的公共服务的总和。一旦公共服务的履行涉及到对个体公民所造成的特别损害，国家的财政部必须承担支付赔偿金的责任。这不是一个突进的演变过程，但它的发展却一直是非常迅速的。也许值得注意这一演进过程中的主要阶段。

我在本章的前面部分已经指出过，在一套纯粹的帝制主义制
256 度中，这一点是得到了承认的：国家的无责任是一项基本原则，唯一的例外是当直接或间接的征收对私人财产权造成永久损害时。这一原则是如此狭隘，以至于不能可能成为一项根本性的原则。随着国家职能的不断扩展，主权不负责任的原则变得很难做到。后来又出现了区分不负责任的主权和负责任的非主权行为的理论（这种理论如今只有很少的信奉者）。

贝泰勒米在其所著的《行政法论》的最初五版丙，都把“国家不必担负责任”奉为信条。在1911年的第六版和1913年的第七版中，他写道：“我们仍以向来盛行的学说为依归，行政机关对于公务人员行使权力的行为，只在法律明文规定应负责任的若干情形之内承担责任。”①但他已经不得不承认，实际上的情形并非如此。判例对国家责任的承认，已经呈现出普遍化的趋势。不过他仍旧 257
认为判例所采取的办法并不符合法律。他写道：“行政法院是赔偿请求之公平性的唯一裁断者。它不仅需要考虑据以请求赔偿的损害是怎么产生的，还需要考虑施行公务所产生的损害对受害者而言是否不公，以及受害者是否应当得到相应赔偿。……我认为此处是行政法院可以自行裁量决断的所在。”②换句话说，贝泰勒米认为：从法律上讲，由权力行为所造成的损害，不应产生赔偿问题，但在实践当中，行政院可以按照公平原则判给一定赔偿。

这种将公平与法律对立、将符合法律的做法与符合公平原则的做法对立以及将理论上的做法与实践中的做法对立的论述方式，实在令人费解。凡属不切实际的，一定不会公道，也不会合法。法律是体现公平精神并回应现实需要的规范。因此，凡不符合公平性与现实性的规范，就不是法律规范。回到我们所讨论的问题，如果国家对施行公务所造成的损害承担责任是符合公平原则并切实可行的，那它就应该成为法律规范，舍此别无他法。

怎么会走到这一步？这当然是现代心理对公共权力概念日益 258
感到不满的结果。我们可以在判例中找到法国法学发生相应变化的大致时间点。1899 年，法国行政法院受理了一起关于国家责任的诉讼。原告勒普若先生在塞纳省的某个迈松阿尔福广场被外来

① *Droit administratif*, 7e edit., 1913, p. 75.

② *Droit administratif*, 7e edit., 1913, p. 75 以及同页上的注释 1.

流弹击伤。勒普若认为该处国家置有治安警察，而竟然发生这种事情，当属警察管理不力所致，于是据之提出损害赔偿请求。但行政法院驳回了他的请求，判决理由称："国家是公共权力的行使者，尤其是对于警察行为而言，一般性的原则是国家对其所属人员的过失不承担责任。……勒普若先生当然可以对负责维护公共道路治安的警察提出个人过失之诉，但不能要求国家承担赔付经济损失的责任。"[①]

这个判决很快遭到奥里乌先生的猛烈抨击，他对该案的批评性评论发表在《西雷》杂志上。[②] 不过，奥里乌并没有直截了当地承认国家的一般责任。他仍援用权力行为与事务管理行为之分，并且与行政法院一样认为国家对于权力行为不承担责任。他进而指出：行政机关不与人民发生直接关系的行为是权力行为，例如国家发布的警察制度方面的规章，国家为这种行为不必对人民承担
259 责任。不过，当行政机关做出管理行为时，也就是与人民发生直接关系的时候，虽然这也是施行职权上的公务，奥里乌极力主张行政机关应负责任。这正是本案所涉及的情形。所以行政法院驳回原告诉讼请求而不判定国家承担赔偿责任的做法是不正确的。

奥里乌的评论引起了人们的注意，产生了一定的影响。数年之后，行政法院又受理了一个与勒普若案在事实情节上不无相似之处的案件。有一头狂牛为人群所追逐，狂奔过程中遭警察开枪射击，子弹射穿苏卡拉斯（阿尔及利亚）的一座房屋，击伤了正在屋

---

① 法国行政法院 1899 年 1 月 13 日判决，见 *Recueil*，p. 17。

② 《西雷》（*Sirey*），1900 年，第 3 期，第 1 页，在勒普若案判决下面。

内的托马索·格雷科先生。被害者于是请求国家承担赔偿之责，其理由是："如果警察处置妥当，就不会发生这种意外事件，也就不必开枪。"行政法院也驳回了他的诉讼请求，但判决书中称："行政机关对其人员在履行公务中的过失行为承担责任，但此案中原告受伤的意外事件，不能证明是公务上的过失所致。"[①]政府专员罗密欧(Romieu)先生在判决理由中写道："诚然，判例总是想确立一个至少在一段时期以内可以反复适用的公式，比如规定凡警察与公共权力的行为，依其性质，不能令国家行政机关负担经济责任。不过，我们终究觉得这样过分笼统的规定，不免导致不便、逻辑上
的无法自恰以及不公平的结果。"[②] 260

第一阶段的演进就此完成了。权力行为与事务管理行为的区分消失了。任何行政行为都足以引发国家的责任。不过行政法院与里面的政府专员们似乎仍然将履行公务中的过失作为国家承担责任的条件。在判决中出现过公务过失这样的术语，但其具体含义为何？仍旧不得而知。按照奥里乌的解释，这是指国家被视为人格主体时发生的过失。他写道："国家之所以承担责任，是因为其履行服务职能的事实中存在着过错。"但这并不是行政法院的意思。其实所谓职务过失，是指公务人员在履行职责时所犯过错。这种过错，有造成危害结果的可能。一旦这种结果发生，国家应对此负责。这其实是一种承担风险的责任。在这种情况下，如果公务人员在履行职责时并无过错，国家是可以免责的。

① 法国行政法院 1905 年 2 月 1 日判决，*Recueil*，p. 140；*Sirey*，1905，Ⅲ，p. 113，同时参阅奥里乌先生写的评论。

② *Recueil*，1905，p. 140.

此外，行政法院所关注的，是具体行政行为，而不是规制性的行政行为，后者仍被公共权力的观念所笼罩。但是这种状态无法持久，已经有两方面的变化正在发生。一方面，普通的公共服务活
261 动可以成为要求行政机关承担责任的理由，只要原告能证明其中存在公务人员的过错。另一方面规制行为也被认为可以导致行政责任。

法国行政法院在一系列判决里确认了行政责任。自 1903 年以来，国家对被不当免职的公职人员所负有的责任得到默认；省行政法院判决的错误执行所造成的损失得到了赔偿。1910 年，由于违反 1905 年 3 月 25 日法律，没有及时为退伍伤残军人安排就业，政府被判令赔偿损失。1911 年，由于相关公务人员的疏忽，未能及时清理排除一条运河内的漂流物，导致一艘船舶遭受损失，法院也判令国家承担赔偿之责。

在这些不同的案件中，都提到了公务履行过程中的过错或者是公务员个人的过失。但是，我们也看到，行政法院对过错一词的解释是非常宽泛的。过错往往被推定，而且，行政机构一般也不能通过指正受损害的公民个人也有过错而获得免责。这一过错推定原则在普鲁夏尔案中体现得最为明显。普鲁夏尔先生在圣但尼市的一条街道上被一位正在追捕犯罪嫌疑人的警察撞倒，导致腿部
262 骨折。这位警察并没有过错。他只是在履行自己的职责，而这件事情只是在其执行公务的过程中发生的一起意外事故。不过，受害人还是得到了赔偿金。“整个事件的过程表明原告并没有任何过失，因此，这一事故必须归因于一种公务中的过错，并且因此而涉及到国家的责任。”那么，过错究竟在哪里呢？警察在追捕犯罪

嫌疑人；他最终完成了自己的任务；而一起不能归咎于任何人的事故由于一种不幸的偶然性而发生了。在这里，错误一词仅仅体现了一种语言上的惯性。真正的演进实际上已经完成了。当公务员在合法履行自己职务的过程中给一位个人或一个团体造成损失时，国家应当承担责任。行政风险导致了行政责任。

第七节　国家对政府规章所负的责任 263

但最后的一步始终未能迈出。迄今为止，国家责任仍然只涉及到关乎个人行政行为的情形。当 1903 年开始确立国家的一般责任时，没有人想过要把它的适用范围扩大至将政府规章也包括在内。奥里乌先生在前面所引用过的注释中就曾经毫不犯难地断定，国家在这方面是不承担责任的。这种观念如今已经不再站得住脚了。今天，国家责任所适用于行政规章的程度丝毫也不亚于对个人行为的适用程度。

这种责任是法院在 1907 年所作出的那项裁决中（我们在前面已经引用过）得到确认的。在该案中，铁路公司声称 1901 年 3 月 1 日所发布的一项对 1846 年的旧规章作出了修改的、有关铁路安全的法令构成了“越权行为”。原告声称，因为他们的让步是根据 1846 年颁行的规章所作出的，而后来所发布的涉及成本增加的规章由于违反了一项默示的契约，因此是越权行为。法国行政法院驳回了这一申诉。在它看来，政府永远享有对公共服务的运营条件作出变更的权力。但同时它又宣称，如果这些公司能够证明存在着因为新规章的颁布而造成的特定损害，那么他们就将享有获

264 得赔偿的权利。[①] 在这里，国家就管理公用事业的行政机构所实施的某项行为——这项行为可以同正式的制定法相比——所应承担的责任得到了明确的确认。

上面的论述表明，这种责任实际上并不是契约上的责任；即使法国行政法院借用了契约的范畴。在这里，公共服务的观念才是最重要的。以发布规章或者正式制定法的方式来变更那些与公用事业相关的规则，既是国家所享有的权力，也是国家所担负的职责。但是它必须在一个特定的范围内，就所有那些因这种变更所造成的损害进行赔偿。

如果是地方行政长官以发布规章的方式，来对根据 1880 年 6 月 11 日颁行的法令而授予私营公司以特许经营权的某项铁路运输，或者是有轨电车运输服务作出调整，那么解决方式也是一样的。这样，赔偿就由该公司所提供服务的省，或者是社区的公共基金来负担。在法国行政法院于 1910 年 2 月 4 日所作出的那些更加具有开创意义的裁决中，这一点已经得到了确认。塞纳(Seine)省的行政长官曾经责令地铁公司出于对乘客安全的保障来对某些
265 服务措施作出调整，而这些调整措施造成了特许状中所预计支出的成本的增加。法国行政法院在裁决维持他所作出的行政决定的同时，又确认了国家责任的原则。一个月之后，法院又就一起发生于南方地区的案件作出了类似的裁决。

上述的处理措施在规章不合法的情形下更具有可适用性。有

① 《行政法院判例汇编》，1907 年，第 913 页；《西雷》(*Sirey*)法学杂志，1908 年，第 3 期，第 1 页。

关的当事人可以以这项行为构成“越权行为”为由请求法院宣告其无效。但是这类诉讼的时效是非常短的，根据1900年4月13日颁行的法律，它甚至从三个月缩短至了两个月。相关当事人必须在时效期间之内要求赔偿。对于针对行政人员的个人行为所提起的诉讼而言，这一点长期以来都是得到一致赞同的。

后来行政法院又迈出了更远的一步，它所作出的裁决也开始对行政规章适用了。我们要承认这样一个事实：即，虽然法院至今只在地方性规章引起争议的情况下才作出这类裁决，但所依据的原则并没有什么不同。奥德(Aude)省的一位市长曾经命令教堂的钟必须在举行民间葬礼时敲响。[①] 依据1907年2月2日所颁行 266
的法律，法国行政法院一直将这种行为确认为“越权行为”。这部法律规定，信仰天主教的教堂可以不受对它们的自有财产所施加的世俗控制。在我们所援引的案例中，诉讼的法律时效已经终止了。但提出赔偿请求的原告最终却获得了胜诉，原因就在于，一个社区的财政部门必须要对任何因该社区的治安服务给个体公民所造成的损失进行赔偿。

国家责任在现代法律中的极大延伸，近来已经在塞纳省的行政法院所作出的一项裁决中得到了不寻常的体现。它构成了那起久拖未决、并令人遗憾的蒂尔潘案的尾声。蒂尔潘是“麦宁炸药”的发明人。他提请了一项以法国政府、施奈德(Schneider)公司、“地中海铁业公司”以及卡内先生为被告的、要求赔偿损失的诉讼。塞纳省的地区法院仅将国家确认为被告，并责令它向蒂尔潘支付

① 《时代》杂志(*Le Temps*)，1912年6月17日。

10 万法郎的赔偿金。“国防部部长的行为，”法院在其裁决中写道，“明显地对蒂尔潘造成了某种必须由国家来对之承担责任的损害……这种损害是由于阻碍蒂尔潘启动与阿姆斯特朗之间的谈判所产生的；无论是因为国防部造成了他重新安排同法国政府之间的合作事项的期望落空，还是因为国防部在作出虚假补偿承诺的
267 情况下、获得了他与阿姆斯特朗所订立之契约的某些条款所涉及到的利益……蒂尔潘都毫无疑问地享有获得补偿的权利。”[①]

任何法院裁决都未能如上面的裁决那样，深刻地体现了我们所处的这一时代已经从帝制主义法律观向前迈进了多远。我们不需要询问为什么法院没有宣告它自身对这个案件没有管辖权，也不需要询问为什么这一问题没有被提出来。无论如何，我们所看到的是这样的一个法院：它毫不犹豫地对涉及某项公共服务的行为进行考量和评判，而这种行为在主权不仅仅作为一个纯粹术语的前提下，是必然会将自己遮蔽在一个不承担责任的机构的外衣之下的。上面所援引的法院裁决确认了国家不仅要对其所实施的行为承担责任，而且也要对其未能实施的行为承担责任。这项裁决认定，国家应当为其没有从蒂尔潘那里购买专利，同时又阻碍他将专利出卖给某家外国公司而因此给他带来的损失承担责任。就基于政府过错的政府责任的观念而言，实在是找不出比这一裁决所提供的还要更加明确的辩护了。

因此，可能出现的情况是：那些仍然存在的，对于国家一般责任的各种限制将会很快消失。行政法院始终不变地主张，对于战

① 《时代》杂志，1911 年 1 月 13 日。

争行为或外交行为来说，是不能裁定国家对之承担责任的。行政 268
法院提出这种主张时所依据的并不是主权概念；因为，如果它所依据的是主权概念的话，那么，这一概念不仅会庇护国家的对外权力，而且也会庇护国家的对内权力，也就是说，如果是这样的话，那么警察和军队在和平时期都应该是不承担任何责任的。但是，这种情况并没有出现，这就说明主权概念在这里并没有发生作用。不过，军队在战争时期不必对其造成的损害承担责任却是一项得到行政法院支持的原则。

在 1905 年和 1907 年，行政法院驳回了针对战时军队行为的两项起诉，在这两个案件中，原告请求国家赔偿法国军队在达荷美和马达加斯加作战时给法国公民造成的损失。法院驳回起诉的理由是：在外国领土上采取的军事行动不受法院的管辖。[①] 与此相类似的是，行政法院在 1904 年驳回了一项针对外交政策的起诉，其理由是：凡是涉及到法国政府在与外国政府的关系中行使国家主权的问题，均不受行政法院的管辖。[②] 在这里，行政法院通过套用主权概念而规避了责任的概念。主权概念虽然在国内
公法中已经失去了地位，但它仍然在对外政策领域内发挥作用。269
但是，即使是在这个领域中，它也注定会消失。

第八节　公务员的个人责任

在国家责任的范围已经大幅度扩大的同时，公务员的个人责

① 《行政法院判例汇编》，1905 年，第 226 页；《行政法院判例汇编》，1907 年，第 185 页。

② 《行政法院判例汇编》，1904 年，第 873 页；《公法评论》(*Revue de Droit Public*)，1905 年，第 98 页。

任发生了哪些变化呢？可以说，这种责任一方面也不断扩大，另一方面又得到了精确化。

人们对公务员个人责任提出问题的方式根本不同于他们对国家责任的设问方式。正像我们已经表明的那样，国家责任被视为一种纯客观的危险责任，而公务员的个人责任则恰好与此相反，被视为一种主观的过错责任。在这里，公务员是作为他们本人来行动的，而不是作为某种拟制人格的代理人或机构。公务员是同其他个人发生关系的个人，是受法院制约的公民。两个个人之间的责任问题必须追溯到两个个人的意志；责任自然而然应当落到那个有意违反某一法律规则的人头上。这就是过错概念所表达的含义。

公法的演进是由这样的一些案例和状况所决定的：在这些情况下，某个公务员的过错使得他要向某些个体公民承担某种纯粹
270 的个人责任，而不是国家的责任。事实上，这一演进过程在今天已经完成了。目前所产生的是有关公务员的这样一种完整概念，即与之有关的判例法的演进严格地受到了《民事诉讼法典》中某些条款(第 505 条至 516 条)的限制。这部法典肯定地确认了司法人员的个人责任，而同时也对此作出了严格的限制。它以肯定的方式列举了司法人员应当承担责任的各种情形，以及承担责任的方式。只有在出现了某种“欺诈”——无论是发生在审理进行过程中，还是在宣布判决的时候——的情形下，或者是在出现了有违正义之行为的情况下——也就是说，如果法官“拒绝回答当事人的询问，或者怠于对那些未决的、或是待决的案件进行裁量”，才可以适用上述法律规定追究司法人员的个人责任。

这是一部不再适应法国公法发展状况的过时立法；迟早它所规定的那些严格限制将被拓宽。而实际上，已经出现了某些向这个方向迈进的措施。克莱蒙梭先生在他于 1904 年起草的、关于保护个人自由的制定法的前言中，曾经以一位普通参议员的身份宣称，对于个人自由的基本保障就是一套完善的司法机关的责任制度。在克鲁匹先生于 1905 年所呈交的一份提案中也隐含了同样的观点。这份曾在参议院中宣读过两次的提案，扩大并明确界定 271
了那些涉及到司法官员所应承担的个人责任的案件范围，但同时也继续保留了一种技术性过高的特别程序，这种高度的技术性曾导致——正像当时在参议院的讨论中有人所提到的那样——从《民事诉讼法典》颁行以来，最终能够得到提起并进入审理的只有两件案子。

第九节　公务行为与个人行为

没有一部法律对行政人员的责任进行过限制，而法国公法的这场演进仍然继续向前迈进，没有遭遇任何阻碍。共和历 8 年的宪法一方面继续保留了由早期的宪法所提出的关于国家责任的原则，而另一方面又规定，那些针对某个公务员所提起的刑事或者民事诉讼在提交至法国行政法院以前必须经过政府的事先批准（第 75 条）。这条规定摧毁了整套的国家责任制度；在整个波旁王朝复辟时期（la Restauration，1814—1830），自由党始终对这项条款进行了严厉的抨击，但却是徒劳无功的。1803 年宪章第 67 条公布了一部有关行政官员责任的制定法；一项法案也被提了出来，并且当时——特别是在 1835 年——一直存在着长期的、含混不清的讨论。但这一切都没有产生任何结果;第 75 条始终得到了执行。1848 年成立的共和国在这个问题上依然无所作为,并且很自然
272 地,第二帝国一直致力于废除这一条规定。因为法国行政法院仍然只享有提供咨询的权力——每一件针对公务员所提起的诉讼都从属于政府的意志和愿望。在第二帝国末期,废除第 75 条的规定成了当时"自由与共和方案"中的基本原则之一。因此,在国民自卫队政府所颁布的首批法令中,有一项就是 1870 年 9 月 19 日发布的、关于取消所有这一类限制的法令。

这项看起来非常明确的法律条文,却引起了如此激烈的论战,而这场论战的影响力并不仅仅是可以随着历史而消失的。根据权限裁定法院基于梅西埃先生的报告在佩尔蒂埃一案中所作出的裁决,一部法律被确立了下来。这是一件由一家报纸——这家报纸被指挥瓦兹省的拉德米诺将军责令暂停发行——的老板向某个普通法院提起的、要求国家承担责任的诉讼。法院在其裁决中写道:"对第 75 条进行废除的政令,只是结束了那种不容许普通法院完全自由地审理其管辖权之内的案件的状况。它并没有扩大这些法院的管辖权,或者是取消那些针对它们所设置的禁令,以使它们可以
273 对行政行为进行裁量。"因此,法院在这项裁决中认定,该案中的那项导致诉讼提起的行为具有行政行为的性质,并写道:"除了这类行为之外,原告不得将任何涉及个人责任的个人行为归咎于被告。"①

① 《行政法院判例汇编》,1873 年,增补一,第 117 页;《西雷》(*Sirey*)法学杂志,1874 年,第 2 期,第 28 页。

于是，权限裁定法院在公务行为与个人行为之间建立了一种区分。对于公务行为来说，应当单独由政府，而不是公务员来承担责任；而公务员则只就其个人行为承担责任，并且在大多数情况下都是由权限裁定法院来裁定该项行为是否是个人行为。一旦行政官员被诉至民事法庭，地方行政长官就要将这项诉讼提交给行政法院。如果行政法院认为引起争议的行为具有公务的性质，它就会支持行政长官所作出的裁定；否则的话它就须将案件退回普通法院，由普通法院按照通常的方式来进行审理。

这样，权限裁定法院就行使了一种在法律上并不属于它自身享有的法定权力。在现实生活中，它不对有关管辖权的问题进行衡量，这个问题也不是争论的对象，而是对关于某项已经得到实施的、或者得到体现的行为是公务行为还是个人行为的问题进行衡 274
量。这样所产生的结果就是，法理学的任务在于发现一种可以据以区分个人行为与公务行为的标准。

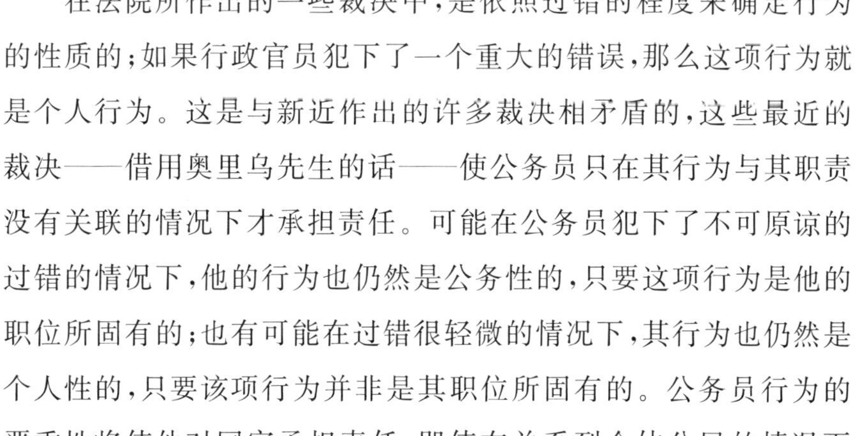

在法院所作出的一些裁决中，是依照过错的程度来确定行为的性质的；如果行政官员犯下了一个重大的错误，那么这项行为就是个人行为。这是与新近作出的许多裁决相矛盾的，这些最近的裁决——借用奥里乌先生的话——使公务员只在其行为与其职责没有关联的情况下才承担责任。可能在公务员犯下了不可原谅的过错的情况下，他的行为也仍然是公务性的，只要这项行为是他的职位所固有的；也有可能在过错很轻微的情况下，其行为也仍然是个人性的，只要该项行为并非是其职位所固有的。公务员行为的严重性将使他对国家承担责任，即使在关系到个体公民的情况下他可以不承担责任。

这是非常合乎逻辑的。上面的论述表明了，现代国家学说中的国家责任是如何没有在主观上得到承认的。不过，个体公民确
275 实获得了对抗那些从每一个公用事业部门中产生的风险的保障，其途径就是提出从该部门的个别预算中获得赔偿的诉讼主张。每当该公用事业部门实施行为的时候，公民所享有的就是其自身的安全保障，而不是其他的什么；而在另外一些情形下，公民只能要求公务员个人承担责任。这明确地强调了我所主张的关于国家作为一个复杂的公共服务团体的观念。如果公务员既违反了规定，又超越了他的权限，那么这显然就是一项个人行为。例如，在寻求个人报复、或者追求实现某个极其恶劣的亵渎神明的目的的情况下（就像在莫里佐案中那样）就是如此。但是，如果他的行为仅仅是程度轻微的“越权行为”，那么他的不具有故意就会否定他的个人责任，因为即使他确实超越了自己的权限，他也仍然是在履行其所预期的正当职能。

我不可能在此援引那些标志着这一演进过程的各个阶段的大量案例；而只能援引某些最为重要的案例。1909 年 1 月 18 日，S 先
276 生——一名负责征收间接税的税务稽查员，在核实了图卢兹省的烟草联合行的账簿之后，声称账簿中存在着一些不合规定的地方，并以记账员不诚实为由对其提出谴责，还将这位记账员称作“小偷”。店员遭到了辞退，并向图卢兹轻罪法庭（*tribunal correctiotmel de Toulouse*）提起了对这位税务稽查员的指控。地方行政长官将此案提交到了行政法庭，但他所作出的行政裁定却以“事实清楚地证明了这些行为与 S 的行政职能没有任何联系，因此完全是他的个

人行为”为由而被法院撤销。[1]

权限裁定法院曾经在莫里佐案中非常明确地认定，个人行为的定义就是追求某个与行政职能毫无关系的目的的行为。某先生是科多尔省（*Côte-d'Or*）某个社区的教师，他曾在课堂上发表淫秽的言论、诽谤军队、为某些犯罪行为作辩解，并亵渎宗教和天主教徒的信仰。其学生的家长们将他告到了法庭，并要求获得 2000 法郎的赔偿。地方行政长官将此案移送给了行政法院；但这个法院——它是基于塔迪厄先生那份令人钦佩的提案报告而创设的——却撤销了他所作出的裁定。“被告的言论，”法庭在裁决中写道，[2]“在被证实与作为被告职责之所在的教学存 277
在着无论何种关联的情况下……是不能构成一项纯粹的个人行为的。”

另外一个案例也是非常重要的。一位市长向某个市政官员下达命令，责令他使教堂在举行某个民间葬礼的时候敲响钟声。教堂的助理牧师对这位市长提起了诉讼，并且这个案子被移送至行政法院。权限裁定法院撤销了市长所作出的裁定，依据是：无论是制定法还是地方习惯法的条款，都没有授权市长可以采取这种方式的行为；因此，他所实施的完全是他的个人行为。[3]

一旦产生了公务员的个人责任，就不存在任何与之平行的、可 278
归于国家的责任。这一点经常会引起惊讶，不过也仅限于在那些受到罗马法学说主宰的著者们中间。他们忘记了国家并不是一个

① *Recueil*, 1909, p. 726.

② *Recueil*, 1908, p. 597;《西雷》(*Sirey*)法学杂志，1908 年，第 3 期，第 83 页。

③ *Recueil*, 1910, p. 323;《西雷》(*Sirey*)法学杂志，1910 年，第 3 期，第 297 页。

应当就其代理人的行为承担责任的人格主体，并且，在谈到国家的责任时，我们只是在意指某种向公民提供的、对抗国家行为所带来的不利后果的保障。显然，公共财政是不可能为那些与国家职能无关的过错行为支付赔偿金的。

结　　论 279

在本书的开头部分，我指出了公法和私法平行发展的现象。在私法中，个人意志的自治性正在逐渐消失；个人意志自身缺乏为自己赢得法律地位的力量。在公法领域，我们不再相信在公职人员背后存在一个集合性的具有人格和主权的实体，这些公职人员只是这一实体的代理人或“器官”。在政府中，我们所看到的只有那些行使强势权力的个人，他们由于行使这种权力而必须承担履行某种社会职能的义务。政府有义务组织特定的服务，确保服务的持续性并控制这些服务的运作。

因此，公法不再是规制主权国家与其臣民之间关系的规则体系。毋宁说，它是对于组织和管理某些服务来说必不可少的规则
体系。成文法不再是主权国家的命令；它是一种服务或一群公务 280
人员的组织规则。行政行为也不再是一位发布命令的官员的行为或一位执行命令的公务人员的行为；它是一种根据服务规则而为的行为。这种行为所涉及到的问题永远必须同样接受一些法院的审查。如果一项行政行为违反了某一成文法规，任何一位受到影响的个人都可以要求宣布该行为无效，这种要求并非基于一项主观权利，而是基于遭到违反的合法性原则。国家的责任得到普遍的承认。这不是某一个人对其错误所承担的责任，而是一种以公

共资金为后盾的公共保险，以对抗公共服务中所包含的风险。如果公务人员的行为超越了他的职务所允许的范围，那就必须追究其个人责任了。

因此，与私法一样，法学家们对公法的解释也逐渐趋于现实化和社会化。现实性体现在人们对实际表象背后的人格化实体的否弃，对自治性的、普遍有效的意志的否定以及对政府所必须担负的职能的认识。而社会性则体现在这样几个方面：公法不再把解决
281 个人的主观权利与人格化国家的主观权利之间的冲突作为自己的目标；它旨在对政府的社会职能进行组织。因为，请不要忘记，作为公法之基础的“越权行为”之诉不是基于个人权利受到侵犯的事实，而是出于社会服务的组织原则遭到破坏的事实。

这一演进过程并没有结束；实际上，我认为它永远也不会结束。社会演进所具有的复杂性是无穷无尽的，而它的期限也是无从确定的；法律只是社会演进的保障体系。我们的前辈曾经相信他们所设想出来的形而上学的、个人主义的、主观性的法律体系是确定的，而且是终极性的。请注意，我们不应当再犯类似的错误。我们自己的这一套现实主义的、社会性的以及客观性的法律体系只是历史长河中的一朵浪花；在它尚未最终形成之际，未来的明锐的观察者们就将看到它正在迈向一种我们所未能设想到的更新的模式。未来的一代将会感到非常幸福，因为他们的法律体系（在形式上比我们的法律体系更加先进）能够使他们避免教条和偏见，更大程度地实现自由。

1913 年 1 月 31 日完稿于波尔多

译跋:公法仍在变迁

在本书的开头,狄骥提出了一系列自我挑战式的问题:为什么要专门研究公法的变迁?法律难道不是同其他社会现象一样处在永恒的变迁之中吗?对法律进行的科学研究难道不就是对法律制度之演进过程的研究?对公法之变迁的研究不就是公法研究本身吗?读罢全书,诸位对这些问题想必都有了自己的答案。的确,公法一直在变迁,但在历史上的某些时刻,这种变迁具有"范式转换"的性质,值得最敏感、最深邃的法律心智去捕捉、去辨识、去记录、去讲解。本书就是完成这些使命的一部著作。它发现并描述了法国宪法和行政法领域正在发生的观念转型,并自豪地宣称法国在这些方面又将引领世界公法发展的新潮流,正像(至本书出版时)一个多世纪以前《拿破仑法典》及相应的民法理论改变了全世界的私法发展方向一样。对于法律学者或者有志于从事法学研究的读者而言,这种历史感、学术野心以及从本国法律经验中总结出一般化、"普适性"概念和命题的努力,比本书的内容本身更具提升品位和激励进取的价值。正所谓:"公法仍在变迁,学术仍需精进!"但这些精神动力类的因素是"只可意会,不可言传"的,因此,这篇狗尾续貂式的译跋,还是尝试着讲述一些"写作背景"之类的故事。

一、狄骥其人

莱昂·狄骥是法国著名公法学家，在宪法学、行政法学和法理学等领域都贡献了极富原创性的思想，被英国法学家哈罗德·拉斯基称为“在世政治思想家中的第一人”[1]。

狄骥于1859年2月4日出生于法国纪龙德省的利布尔讷(Libourne)小镇，1928年12月18日逝世于波尔多。他在波尔多大学学习法律，1883年被任命为卡昂(Caen)大学法学教授。1886年返回母校波尔多大学任教，1892年至1928年一直担任公法学教授，直至去世。其间还曾长期担任法学院院长。狄骥在将德国法教义学，尤其是耶利内克的学说，引入法国方面作出了很大贡献，但他也是反对德国特色形式主义和实证主义的主力。[2]

狄骥是将社会学方法引入法学研究领域的先驱之一。涂尔干是他在波尔多大学的同事，他深受其影响。狄骥曾建议将法学院更名为社会科学学院。[3] 他本人在“法律与社会科学”的研究和教学方面作出了很多贡献。在卡昂大学任教时，他于1884—85学年在人文学系给历史专业学生讲授罗马帝国的农业法。对于法学与

---

① 见于拉斯基于1917年写给霍姆斯大法官的一封信中：Mark DeWolfe(ed.), *Holmes-Laski Letters: the Correspondence of Mr. Justice Holmes and Harold J. Laski 1916—1935*, Geoffrey Cumberlege, 1953, 1, p. 105。

② Claude Nicolet, *L'Idée républicaine en France (1789—1924): essai d'histoire critique*, Paris: Gallimard 1982, pp. 444—445.

③ Duguit, “Le Droit constitutionnel et la sociologie”, *RIE* 18(1889), pp. 484—505.

社会科学之间的复杂关系,译者本人在早年的一篇文章中曾经指出:“法学之所以无法满足变迁中的复杂社会的要求,乃是因为它是在法律这种人类自己创造的尺度内工作。法学并不关注社会现实,也无法提供研究社会现实的理论资源,用社会科学家的术语来说,它缺乏‘实证性’。作为一种法律职业活动,法学研究有助于维护既定的社会结构和社会秩序,却无法对社会的变革或转型提供理论上的指导。因此,虽然西方国家始终没有放弃以法律为主要统治方式的做法,但对法律制度的改革却是在经济学、社会学、统计学等社会科学的指导下完成的。法学随着被改造的法律制度而转变,在新的‘人类尺度’内重新建构其理论体系。”[①]作为一位对社会现实有敏锐的直觉洞察力的法学家,狄骥不满足于保守正在瓦解的旧秩序,也不甘心被动等待新制度的来临,因此他果断选择了借助新兴的社会学方法来考察必将导致法律变迁的社会转型现象。

狄骥所处身于其中的法兰西第三共和国前半段(1871—1914年)是法国政治相对稳定、经济高速增长的时期。尽管一方面为普法战争失利的阴影所笼罩,另一方面为布朗热事件和德雷福斯事件所缠绕,但正如著名史家弗朗索瓦·福雷所言:“革命已成过去,新秩序已经形成”[②]。新秩序中当然也蕴含着新问题,其中最主要的就是“社会问题”。“社会问题(la question sociale)”概念在1848年

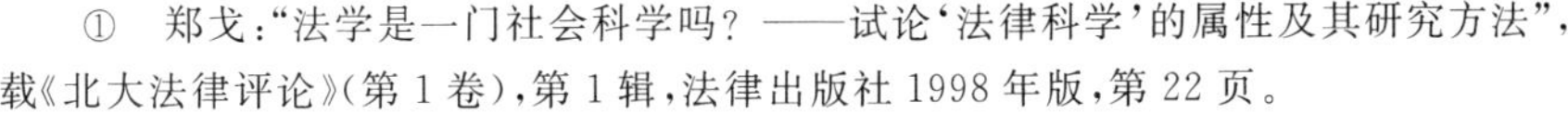

① 郑戈:“法学是一门社会科学吗?——试论‘法律科学’的属性及其研究方法”,载《北大法律评论》(第1卷),第1辑,法律出版社1998年版,第22页。

② 参阅:François Furret, *Penser la Révolution française*, Paris: Gallimard, 1978。

之后出现和流行于学术及公共政策话语中，它一方面表明经济发展不能彻底解决贫困问题，另一方面也显示出政治责任的有限性。原本主要由教会承担的济贫功能随着“世界的世俗化和祛魅化”需要寻找新的功能替代物。用一位十九世纪作者的话来说，社会问题的真正源头是“天主教与革命之间的斗争”。[①]

十九世纪的法国主流政治理论认为，社会问题不能通过赋予工作权的方式来解决。一旦赋予了这种积极的经济权利，自由主义的国家、社会与个人关系结构便无法再存续下去。比如，托克维尔便认为，尽管工人阶级可能依靠慈善(aumône)而生存下去，但法定慈善将耗尽道德盈余，令社会走向堕落。[②]

1790 年 1 月 21 日，法国国民大会颁令设立“乞讨委员会”(Comité de mendicité)，由自由派贵族罗什富科-利安库尔特公爵主持。在其首份报告中，罗什富科-利安库尔特写道：“每一个人都有生存的权利，社会有义务为其所有成员提供生存条件……这种撒玛利亚人式的援助不应当被视为一种慈善行为……它是所有免于贫困的人士所承担的一种严格的、不可逃避的义务……它也是社会的一项不可动摇的神圣义务。”[③]这一政策指导思想试图在政治和经济两个场域之外开拓出一个单独的社会场域，强调公民社

① Albert de Mun, *La Question Sociale*, *Discours prononcé à la séance de cloture de l'assemblée générale des membre de l'œuvre des cercles catholiques d'ouvriers*, Paris: l'œuvre des cercles catholiques d'ouvriers, 1877, p. 7.

② Tocqueville, *Mémoire sur le paupérisme*, Paris: Allia, 1999 (1835), pp. 38, 40.

③ Duc de La Rochefoucauld-Liancourt, *Plan de Travail du Comté*, Paris: Imprimerie Nationale, 1790, p. 5.

会团体在解决“社会问题”方面的义务和可能贡献,体现了政治多元主义和共和主义的倾向,这些观念后来在法国的公共政策中都得到了体现,并在狄骥那里得到了更加系统化的表述。

在狄骥的学生时代,宪法学和行政法学在法国还处于相当边缘的地位。当他于1882年参加“大学师资会考”(agrégation)时,考试的主要科目是罗马法和民法。那一年的会考后来被称为“大比拼”(grand concours),因为参试的好几位考生后来都成为了著名公法学家。考试的结果是,奥里乌(Hauriou)以第一名通过,狄骥第六名,米硕(Michoud)第十五名,而贝泰勒米(Berthélemy)则未通过,第二年再次参试方才通过。公法学的边缘地位还可以从狄骥和奥里乌的经历中看出:狄骥主张取消研究生阶段的宪法学必修课,而奥里乌则不愿意讲授行政法,他在图卢兹大学教了五年法律史,直到院长违背他的意志于1888年任命他为行政法讲座教授。但通过他们这一代公法学家的努力,宪法学与行政法学终于登堂入室,取得了与民法学同等的地位。

狄骥开创了“公共服务学派”,该学派也因他所任职的学校而被称为“波尔多学派”。与他同时代的热泽(Jèze)和罗兰(Rolland)是该学派的干将。他们认为:公法学的核心概念不是公共“权力”而是公共“服务”。公共服务不是政府为自身利益而提供的服务;相反,它是政府必须承担的义务。所以,假如政府允许公务员罢工,导致公共服务的中断,它就违反了这项义务。狄骥强烈反对政务官与事务官、权力行使行为与事务管理行为、决策过程与执行过程这一类区分,因为这种区分为公务员群体的官僚化、等级化和特权化创造了便利。他认为行政机关及其工作人员的一切行

为都必须符合为公共利益服务的目的，并因此受制于同样的公开性、公平性、合法性、合目的性标准。

狄骥一生绝大部分时间都在波尔多，很少去巴黎。这于他个人，或许表达了对乡土的热爱以及对文化和政治集中制的鄙视，但却无法扭转"巴黎中心主义"的政治—文化体制（这种体制迄今未变）。作为一位"外省"学者，尽管他被尊为首屈一指的公法学权威，但他在整个社会科学领域的贡献却未能得到应有的认可和尊重。比如，狄骥先于涂尔干在波尔多大学开设社会学课程（1891年），并阐述社会相互依存的概念，而彼时后者在同一大学任教。然后，涂尔干在1902年获得梦寐以求的巴黎大学（索邦）教育学教席之后，学术影响力发生了质的飞跃，成为与马克思和韦伯齐名的社会思想家之一。[①] 不过，狄骥在公法学领域的贡献却是无人能够否认的。正如马丁·洛克林所言，狄骥是应用社会学方法来为公法学寻求根基的"最成体系的法学家"[②]。

二、狄骥的概念创新

在为公法寻找新的理论框架的过程中，狄骥并没有生造或发

---

① 关于狄骥的生平，主要参见：Adolphe Cauderon et al.，*Á la Mémoire de Léon Duguit，1859—1928，Doyen de la Faculté de droit de l'Université de Bordeaux，Hommage de la Faculté de droit*，Bordeaux：n. p.，1929。

② 马丁·洛克林（Martin Loughlin）：*Foundations of Public Law*，Oxford University Press，2010，p. 402。马丁·洛克林目前是伦敦经济与政治学院的公法学讲席教授，狄骥在英文世界最有影响力的崇拜者和译介者拉斯基也曾长期担任这一教职。

明出任何新的概念。他只是“升级了操作系统”，从而使原有的数据资料具有了不同的权重和意义。概而言之，狄骥促成了四个方面的重心转移。

（一）从主观权利到客观法

作为一位关注社会事实的法学家，狄骥试图将所有先验的、形而上学的概念从法学领域中摒除出去。他的首要靶子就是人格化的国家和主权概念。他宣布：“国家已死；或者至少罗马法、王制、雅各宾主义、拿破仑主义和集体主义意义上的国家正在死亡——它们都是同一种形式的国家。与此同时，另一种格局更加宏大、更加灵活、更具保护性、更为人道的国家形式正在形成。”[①]这种“正在死亡”的国家观要么认为国家的统治权威（potestas）属于某一个享有至尊主权（imperium）的人（君主），要么虚构出一种“法人人格”作为统治权威的享有者。在狄骥看来，无论是欧洲中世纪的君权神授观念，还是卢梭的基于“公意”的“人民主权”概念，都是一种虚妄的假设，不仅缺乏现实依据，而且不利于为有效的公法体系提供牢固的基础。如果承认某一人格主体享有固有的或推定的统治权，对这种权力进行限制就缺乏正当化理据，难免陷入德国法学家耶利内克等人所提出的“主权的自我限制”这种夸夸其谈。其实，比狄骥早生两百多年的霍布斯就发现了人民主权与君王主权的统一性，他写道：

① Léon Duguit, *Le Droit social, le droit individual et la transformation de l'État*, Paris: Félix Alcan, 1908, pp. 38—39.

> 人民是个单一的实体，有着单一的意志；你可以将一种行动归于它。而这几条均无法用在人群上。人民在每个国家里都进行着统治；即使在君主制中，人民也行使着权力，只是人民的意志是通过某个人的意志来体现的。……在君主制中，臣民是人群，但君主是人民。[①]

只不过，霍布斯在做这番表述的时候是从正面肯定君主制的合理性，认为享有至上权力的君主充分而全面地代表着人民的意志。而狄骥则从这种混同中看到了矛盾和悖谬，认为这种虚构会成为权力滥用的幌子，并决心用“客观法”来全面取代之。

所谓客观法，就是不以主观意志、而以社会事实为基础的法律。在狄骥看来，社会共存、社会团结或社会连带(这三个术语的含义基本相同)是最基本的社会事实。他写道：“社会连带的事实是不容争辩的，老实说是无法辩解的：它是一种不能成为争论对象的由观察所得的事实。它随着国家情况的不同而具有不同的形态……无论如何，连带关系是一种永恒不变的事实，它本身往往是同一的，并且是一切社会集团不可排斥的组成要素。”[②]他进一步将社会连带关系区分为求同的连带关系和分工的连带关系，前者是指人们有共同的需要，只能通过共同的社会生活才能实现自己的目标；后者则是指人们有不同的旨趣和能力，必须通过分工并交换彼此的服务才能满足各自的利益。为了维护和促进这两种连带关系，人们需要各种各样的规范，狄骥把它们概括为三种“客观的”

① 霍布斯：《论公民》，应星、冯克利译，贵州人民出版社2003年版，第126页。

② 狄骥：《宪法论》(第一卷)，钱克新译，商务印书馆1959年版，第64页。

规范,即经济规范、道德规范和法律规范。其中法律规范是最高等级的规范,它是社会秩序和人们之间正常关系的最终保障,而且,它应该是客观的,不为个别人的意志所转移的。为整个法律规范体系赋予生命的是“法治原则”(la règle de droit),其基本要求在于:“不要去做那些可能损害社会的相互依赖的事情,无论这种相互依赖是由于相似性,还是由于劳动分工而形成的;要在自己的权限范围之内,在自己现有的处境和能力所允许的范围之内,去做那些保障和加强社会的相互依赖的事情,……。”[①]

(二)从权利到义务

狄骥的思想对“国家—个人”二元对立观点形成了强有力的挑战。他的所有研究的出发点都是社会而不是个人。狄骥认为,人从其出生开始便处在社会之中,人的存在有赖于各种社会关系的支持。因此,法律既不是享有自然权利的个人为保护自己的利益而委托国家制定的规则,也不是享有统治权的主权者颁布的自上而下的命令,而是社会为了自存(社会的自存就是社会成员的相互依存)而自我设定规范。它向上约束政府,使其服务于公共利益;向下约束个人,使他们尊重彼此之间的权利、义务边界,避免相互伤害。由于共存意味着每一个人都对他人做出让步,因此义务比权利更加重要。

从个人的角度来看,“作为一个人来到这个世界,他享有某些权能,某些可以被界定为自然个人权利的主观权利。他生而自由,

① 狄骥:《法律与国家》,冷静译,中国法制出版社2010年版,第214页。

也就是说，他有权自由展开自己的身体、智识以及精神活动并保有自己的活动造就的产品。……但是，基于同样的逻辑，对所有人之个人权利的保障必然要求对每一个人的权利的限制。……我们的法和法典主要是在这个道理的启发下产生的。不管个人主义原则乃是基于多么不真实的观念，它已经做出了巨大的贡献并促成了显著的进步：最重要的是，它促成了对国家权力的法律限制。"[①]也就是说，狄骥虽然认为个人权利的概念是一种形而上的虚构，在未来的公法体系中不应当占据十分重要的地位，但他从尊重历史的立场出发肯定了这个概念在推进有限政府这一宪政方面曾经发挥过重要作用。

从国家的角度来看，"对国家立法权的限制很容易理解，……正像个人一样，政府机构担负着从社会共存关系中产生的法律义务；它们与个人一样有义务全力促进社会团结。政府因其性质享有巨大的权力，……它也因此有义务调动最大的力量来实现社会团结。"[②]权利与义务成比例，由于国家行使公共权力、动员公共资源的权力是如此之大，所以它应当承担的义务也很重。值得注意的是，在狄骥所处的时代，违宪审查仅见于美国，法国宪法委员会尚未成立，对国家立法权的限制是一个十分超前的概念。

权利意味着索取，义务意味着奉献。权利的实现需要成本，而权利的主张者却往往不考虑这种成本，因为这种成本不是由他们自己承担。要内化权利的成本，从而促成一种审慎、节制的社会生

---

① Léon Duguit, *Manuel de droit constitutionnel: Théorie générale de l'État*, Paris: Fontemoing, 1911, pp. 3—4.

② Léon Duguit, *Traité de droit constitutionnel*, Paris: Fontemoing, 1911, p. 51.

活,就需要把法律的保护对象从主观权利上移开,而放置到权利与义务的中间点上。这个中间点,狄骥称之为社会团结或社会共存,富勒则称之为“互惠原则”①。比如,在如今的中国,对食品安全问题的普遍关注使“有机食品”得到青睐,但“有机米”的价格却是使用化肥、农药之后种植出来的大米价格的数倍。如果片面强调消费者食用安全大米的权利,就会导致两种可能的结果:一是农民普遍种植有机米,导致大米总产量下降,价格飙升,使中低收入消费者无米可食;二是人们向政府施加压力,要求保障每一个人的“吃米权”(生存权的一种),政府强行压低有机米价格,导致农民入不敷出,生活陷入窘境。这时候,我们只有认识到十四亿人口共同生存在耕地有限的领土上,考虑到社会共存的需要,才能有节制地主张我们的权利,从而使农民和食品消费者都能在不充分但可持续的程度上实现自己的权利。法律的作用,就在于保护社会共存,而不是尽可能满足一部分人的权利主张。正如一位评论者所言,“狄骥一方面承认并强调共同体在法律制定与适用过程中的作用,并同时主张忽视与共同体公共利益相左的国家或个人法律主张,另一方面认为国家及其官员应承担更多的积极义务。”②在权利主张与公共利益之间,狄骥永远倾向于支持公共利益;在个人义务与政府义务之间,狄骥强调政府应当承担的义务。

① 富勒:《法律的道德性》,郑戈译,商务印书馆2005年版,第28页:“义务一般可以追溯到互惠原则。”

② Martin A. Rogoff, “The individual, the community, the state, and law: the contemporary relevance of the legal philosophy of Léon Duguit”, 7 *Columbia Journal of European Law* 477, 2001, pp. 477—478.

（三）从公共权力到公共服务

《公法的变迁》一书的核心思想是：现代公法中的基本概念不是政治权力而是公共服务。因此，如何控制权力不应当是公法的主要关注点。政治权力概念乃是基于这样一种假设：政府有权统治，此权要么来自神授，要么来自“人民”的授权。既然这个假设已经被证明为不成立，那么，就应该换个角度来思考问题：政府为何会享有公共权力？公共权力是否为政府所垄断？既然政府的目的是提供公共服务，权力与服务之间的关系是怎样的？

公共权力必须服务于共同体利益的观念早在十六、十七世纪就在欧洲加尔文教派法学家中间流行开来了。阿尔都修斯在其名著《“十诫”三论》中写道：“什么是公共权力？公共权力就是为了照顾和管理一个合众团体的利益、事务与成员而赋予该团体的某一成员的权力。”①既然公共权力是为了共同体利益而设，它就不必然为某一个人或团体所独享。政治多元主义正是萌生于此。

政治多元主义是兴盛于二十世纪初的政治学思潮，它是对个人主义与国家主义两种极端倾向的回应。恩斯特·巴克尔的下面这番话捕捉到了政治多元主义的核心观念：“如果我们现在是个人主义者，我们便是法团个人主义者（corporate individualists）。我们的个人已经变成团体。我们不再讨论‘个人面对国家’，我们讨

---

① Johannes Althusius（1557—1638），*Dicaeologicae libri tres，totum et universum ius，quo utimur，methodice complectentes*，Aalen Scientia，1967，I. 32. 1.

论‘团体面对国家’。”[①]狄骥是政治多元主义在法国的首要代表人物,他不仅自成一派,还影响了该思潮中另一门派的代表人物:拉斯基。如果我们按照个人组成团体的方式(有机抑或契约)以及国家与其他社会团体之间的关系(统合抑或协作)两个维度来俯瞰政治多元主义的版图,便可以看到以下四个板块:

	国家统合	协作
有机	狄骥:法团主义—国家主义:强调国家作为公共服务组织者和协调者的角色。	菲吉斯:一方面对国家权力保持怀疑,另一方面在个人之社会化方面持有机论观点。因此主张国家只是服务于公益的团体之一,不能凌驾于其他公民社会团体之上。
契约	拉斯基和柯尔:向往一种民主的、公众直接参与式的、多元主义的国家,但另一方面强调个人在选择加入何种团体和社会时的绝对自由。	博斯和勒罗伊:主张个人自愿结社进行互助,倾向于无政府主义。

可以看出,狄骥一方面主张个人组成团体的方式是有机演进、自生自发的,而不是基于个人的同意或选择,另一方面强调:尽管国家不是唯一的公共服务提供者,但它却是整个公共服务体系的统合与协调者。针对自由主义者关于“国家是必要的恶”这一观点,狄骥写道[②]:

① Ernest Barker, *Political Thought in England*, Oxford University Press, 1915, ed. 1951, p. 181.

② Duguit, “The Concept of Public Service”, 32 *Yale Law Journal* 425, 1922—1923, p. 427.

> 但是如果说国家经常犯错，它也经常是众善之源；而且，正如耶林正确指出的那样，国家的缺位给社会带来的不幸远胜于专制残暴的国家所带来的不幸。从总体上说国家提供的服务远远超过它造成的伤害。

在另一个场合，他又写道："国家不是一个发布命令的权威或是一个主权者，而是公共服务的合作体系。"[①]这句话正是对当时法国公法正在经历的"范式转换"的精炼概括。原来的公法体系以权力与权利之间的对立为参照系，主张以法律约束权力、用权利限制权力。但狄骥发现，由于社会的急剧转型和社会问题的不断凸显，人们期待政府履行的职能越来越多。如果一味地束缚政府的手脚，将不利于公共服务系统的高效运转。用公共服务来取代公共权力，使之成为公法学的核心概念，可以带来以下几种有利的变化：首先，可以消除法律在限制权力与为权力提供便利之间摇摆的可能性，使人们不再纠结于法律是给权力亮红灯还是开绿灯，从而在制约与便利之间求得平衡。其次，可以使关注点落到服务过程和服务质量上，而不是截然区分善与恶、合法与非法。第三，可以贯彻目的论的法律解释和裁判原则，而不必拘泥于文本或原意，使公法系统的运转更依循功能主义的原则[②]。从这几个方面看，狄骥是一位具有远见卓识的思想家，他准确地预见到了二十世纪后半叶至今的几种主要发展动向，包括福利国家、规制国家和行政国家

① Duguit, *Traite de droit constitutionnel*, Ed. 2, V. 1, Paris, Fontemoing, 1921—1925, p. 78.

② 马丁·洛克林将狄骥视为"公法中的功能主义风格"的主要代表人物，参见马丁·洛克林：《公法与政治理论》，郑戈译，商务印书馆 2002 年版，第 153—155 页。

的兴起,并为法治随国家权力扩张而灵活调适自己的尺度提供了理论指引[①]。

(四)从契约到身份

公务员与国家的关系究竟是一种契约关系,还是一种身份关系?在英国,所有公务员都被认为是皇室雇员,他们与“国家”之间的关系被认为是一种契约关系。著名法律史家梅因从更广阔的社会史的角度总结道:“迄今为止所有进步社会的运动都是一种从身份到契约的运动。”[②]这种思想直接影响了德国社会学家滕尼斯,在其《共同体与社会》中,现代个人主义社会取代以共享价值和人伦纽带为特征的有机共同体被认为是现代化之后的主要趋势,前者的组织方式以契约为原型,而后者则以身份为组织原则。

不过,旅居英国的俄罗斯思想家保罗·维诺格拉多夫则认为:“事实上,在现代社会演进中有一些强劲的逆流,它们造成了一些很难被自由契约所涵盖的法律情境,因此促使我们修正身份法已经让位于自愿协议的观点。”[③]狄骥也持有类似的观点。他认为,孤立的个人通过契约自由选择与他人发生关系的方式,这完全是一种远离现实的虚构。人无可选择地镶嵌在超越个人选择的社会共存关系中,并归属于从家庭、教会到职业协会的各种团体。个人

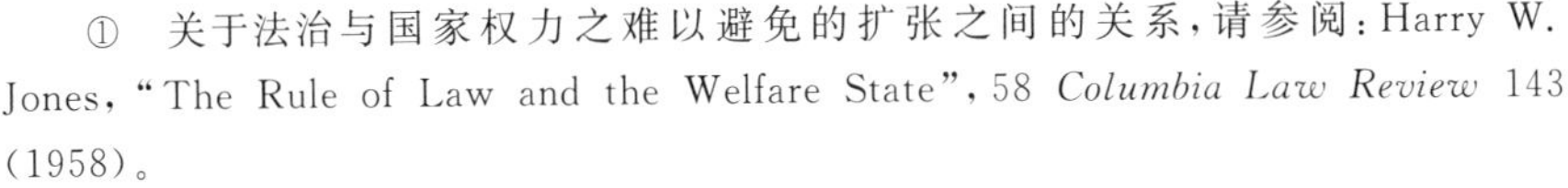

① 关于法治与国家权力之难以避免的扩张之间的关系,请参阅:Harry W. Jones, “The Rule of Law and the Welfare State”, 58 *Columbia Law Review* 143 (1958)。

② Maine, *Ancient Law*, p. 174.

③ Paul Vinogradoff, “Rights of status in modern law”, *Canadian Bar Review*, June 1923.

的选择受到他们在这些团体的性质以及他们在团体中的地位、身份的约束。

从这个立场出发，狄骥毫不否认公务员具有特殊的身份，隶属于特殊的行业团体，并享有特殊的任职保障。公务员身份的特殊性在法律上意味着：首先，公务员享有不必为温饱发愁的工资、医疗、福利和退休金保障，并且在退休年龄之前享有终身任职的职业稳定保障，除非违法乱纪，不会因为上司的意志而被免职。其次，尽管存在民意代表以及司法机关的外部制约，但公务员系统的内部纪律约束更为重要。一个团体的独立性和社会地位在很大程度上取决于该团体能否有效地管束其成员的行为，而狄骥自豪地宣称法国公务员集体成功地做到了这一点。最后，由于公务员身份的特殊性和公共服务的专业性，所以普通法院无法准确判断公职行为是否合法、合理、合乎公益。只有具备丰富行政经验的资深公务员具备专业能力来对行政行为进行"合法性审查"。狄骥是法国行政法院的积极支持者和辩护者。在他看来，正是这个由行政系统内部人士担任"法官"、貌似缺乏独立性的机构，有效地确保着法国公共服务的品质。

二、狄骥在中国

狄骥的学说在上个世纪二三十年代便被引介到中国，其后一直发生着低调但持续的影响。拉斯基（Harold Laski，1893—1950）在这个过程中发挥了很大的媒介作用。他于1916—1920年间在哈佛大学担任讲师，其间，就读于哈佛的雷沛鸿和林毕同以及求学于哥伦比亚大学的张奚若、金岳霖、徐志摩和蒋廷黻都曾问学于他，并通过他了解到狄骥其人其学。1920 年他返回英国执教于伦敦经济与政治学院之后，先后教过钱昌照、陈源、徐志摩、罗隆基、王造时、程沧波、储安平、龚祥瑞、吴恩裕、楼邦彦、邹文海、王铁崖、樊德芬、费孝通、萧乾等学生，其中程沧波、龚祥瑞、邹文海和吴恩裕等人直接在他指导下完成学位论文。张奚若于 1925 年发表“主权论”一文，详细介绍了狄骥的学说。萧公权于 1920 年至 1923 年就读于美国密苏里大学，在政治思想史家萨拜因指导下完成了关于拉斯基的多元政治理论的硕士论文。随后获萨拜因推荐入读康奈尔大学，在狄利指导下完成博士论文“政治多元论”，此书于 1927 年作为“当代心理学、哲学以及科学方法丛书”中的一部著作在伦敦出版，其中对狄骥思想也多有评介。

1933 年 12 月，商务印书馆在“万有文库”中推出了《公法的变迁》中译本，译者是徐砥平教授。徐砥平（1902—1979），又名徐之冰，江苏南通人。上海震旦大学毕业后留学法国，就读于格尔若大学。1928 年回国后，曾任上海法政学院教授。1929 年应聘厦门大学法学教授，1930 年 2 月起兼法律学系主任。旋于 1931 年离校，历任国民政府立法院外交委员会秘书、上海法政学院教授、上海法商学院教授等职。抗战胜利后，任上海高等法院筹备处专员，奉命接受提篮桥监狱，后任代理典狱长。1946 年 1 月离职，继任上海暨南大学教授，并加入农工民主党。上海解放后任上海中华工商专科学校教师、上海外语学院教师。1959 年，商务印书馆又出版了狄骥的《宪法论》中译本，译者是曾经担任朝阳学院教授的钱克新先生。如今，本人的这个《公法的变迁》译本，能够在不同的出版

社历经两版之后回到商务，或许正是前贤学脉绵延的佐证。

读罢全书，读者或许会发现，狄骥的公法理论与近来获得更多译介的英美公法理论有着很大的不同。实际上，与强调个人权利的英美公法相比，强调社会生活的协同性的法国公法理论似乎与中国的文化传统和现实需要更为吻合。至少，在阅读了这本著作之后，我们将会对国家、社会与个人之间的关系以及公法和公共行政的理论与实践有一个更加全面的认识。

在本书的结尾处，狄骥写道："未来的一代将会感到非常幸福，因为他们的法律体系（在形式上比我们的法律体系更加先进）能够使他们避免教条和偏见，更大程度地实现自由。"写作这篇后记之时，正值译者的女儿郑陶真满月之日。狄骥希望不断完善的法律体系能够使未来的一代享有更多的自由，这也正是我对女儿即将迎接的那个未来的期待。

郑　戈

2013 年 1 月 12 日

于香港西环泓都寓所

图书在版编目(CIP)数据

公法的变迁/(法)狄骥著;郑戈译.—北京:商务印书馆,2017
(汉译世界学术名著丛书:120年纪念版:珍藏本)
ISBN 978-7-100-14495-7

Ⅰ.①公… Ⅱ.①狄… ②郑… Ⅲ.①公法—研究 Ⅳ.①D90

中国版本图书馆CIP数据核字(2017)第154014号

汉译世界学术名著丛书
(120年纪念版·珍藏本)
公法的变迁
〔法〕狄骥 著
郑戈 译

商务印书馆出版
(北京王府井大街36号 邮政编码100710)
商务印书馆发行
北京新华印刷有限公司印刷
ISBN 978-7-100-14495-7

2017年12月第1版　　开本710×1000 1/16
2017年12月北京第1次印刷　　印张15¼
定价:75.00元